当代中国
政治

陈 坚 著

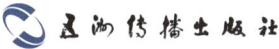
五洲传播出版社

图书在版编目（CIP）数据

当代中国政治 ／ 陈坚著 ． -- 2 版 ． -- 北京：五洲传播出版社，2019.6
（当代中国系列）
ISBN 978-7-5085-4248-5

Ⅰ．①当… Ⅱ．①陈… Ⅲ．①政治－中国－现代 Ⅳ．① D6

中国版本图书馆 CIP 数据核字 (2019) 第 134788 号

当代中国系列

主　　编：武　力
出 版 人：荆孝敏

当代中国政治

著　　者：陈　坚
责任编辑：宋博雅
图片提供：视觉中国　中新社
封面设计：北京澜天文化传媒有限公司
内文制作：北京优品地带文化发展有限公司
出版发行：五洲传播出版社
地　　址：北京市北三环中路 31 号生产力大楼 B 座 6 层
邮　　编：100088
发行电话：010-82005927，010-82007837
网　　址：http://www.cicc.org.cn http://www.thatsbooks.com
印　　刷：中煤（北京）印务有限公司
版　　次：2019 年 9 月第 2 版第 2 次印刷
开　　本：710 毫米 ×1000 毫米　1/16
印　　张：12.75
字　　数：173 千字
定　　价：62.00 元

目　录

前　言

　　当代中国政治制度源于革命年代，成型于新中国成立之初，发展于改革开放新时期，日益成熟于中国特色社会主义新时代。它既吸收了世界政治文明的优秀成果，又深深地根植于中国的土壤，具有鲜明的中国风格。尽管世界各国在制度和文化上存在这样那样的差异，但有一点是相通的，富强、民主、文明是各国人民的共同追求。中国共产党就是把实现大多数人的民主作为矢志不渝的执政目标，作为实现中华民族伟大复兴中国梦的目标之一。

　　从现代民主政治发展史来看，由于各国的历史、文化、传统、地缘、发展阶段等差异，不同国家的人民争取和发展民主政治的道路是不同的。中国的民主道路是从反帝反封建、争取民族独立和人民解放

1949 年 10 月 1 日，在北京举行的开国大典上，毛泽东主席在天安门城楼上庄严宣告中华人民共和国成立。

开始的，这是中国民主政治的第一步，也是最关键的一步。中国近代以来的民族民主革命，就是把国家自主权夺回到中国人民自己手中，改变自 1840 年鸦片战争以来逐步沦为半殖民地半封建社会，中国人民深受帝国主义、封建主义、官僚资本主义压迫欺凌的悲惨命运。民族独立和解放，是那个时代所有中国人和中华民族的共同心愿，体现了全体中国人民的意志。因此，从人民意志角度来说，中华人民共和国的成立意味着中国民主政治的初步实现。

新中国成立后，中国共产党尊重中国人民的意愿，考虑到中国特殊的国情和历史，建立起代表人民意志的人民民主的国家政权，创建了人民代表大会制度、中国共产党领导的多党合作和政治协商制度、民族区域自治制度和基层群众自治制度。这些具有中国特色的社会主义政治制度，是当代中国民主政治的基石，体现了人民当家做主的政治理念。

20 世纪 70 年代末、80 年代初，随着国际国内形势的变化，中国共产党和中国政府主动打开国门，实行改革开放新政策。为了适应改革开放的新要求，中国共产党和中国政府一方面坚持中国社会主义基本政治制度不变，另一方面则抛弃传统的僵化的苏联模式的政治体制和运行机制，实行政治体制改革，推动社会主义民主政治建设。经过多年的改革与探索，当代中国政治形成了坚持党的领导、人民当家做主和依法治国三者统一的基本格局，或者说基本特征。在这样一个基本格局下，中国的民主法治建设有了长足的进展，人民行使民主权利的形式日益多样化，国家领导体制、政治运行机制、行政管理体制走向完善，反腐败和廉政建设体系逐步健全起来。

发展社会主义民主政治是中国共产党始终不渝的奋斗目标，也是中国共产党治国理政面临的重大时代课题。2012 年中共十八大以来，以习近平同志为核心的中共中央采取了一系列务实之举，推动中国民主政治建设的优势不断彰显。

近年来，中国积极稳妥推进政治体制改革。在坚持根本政治制度、基本政治制度上立场坚定、旗帜鲜明，以此为前提，中国共产党把健全权力运行制约和监督体系作为政治体制改革的重要内容，坚持用制度管权管事管人，在加强党内监督、民主监督、法律监督、舆论监督的同时，成立了国家监察委员会，实现公务人员监督全覆盖。这些举措进一步拓展和维护了人民群众享有的政治权利、民主权利，营造了风清气正的社会氛围。

中国特色社会主义政治发展道路的影响力日益提升。中国共产党坚持以我为主、兼容并蓄，以更加开放的胸襟和更加恢弘的气魄，在积极吸收借鉴人类政治文明有益成果的同时，鲜明地确立中国民主的模式。与西方比较，中国的政治发展道路最鲜明的优势就是坚持党的领导，形成了包括各民主党派、无党派人士在内的全体人民的共同信念、共同目标、共同行动。中国当代政治制度具有鲜明特点，在实践中取得了显著成效，能够集中力量办大事，具有强大的组织动员和贯彻执行力，保持政局持续稳定，确保战略规划的连续性。

中国近数十年的快速发展充分证明，走中国人民自己选择的中国特色社会主义民主政治发展道路，不仅使中国人民实现了自己当家做主的愿望，国家正在逐步实现富强、民主、文明、和谐、美丽，而且为人类政治文明发展贡献了中国智慧、提供了中国方案。现在，越来越多的国家开始认同和研究中国政治制度和发展道路，连一些西方媒体也表示，中国的政治模式比西方更有效率、更为成功。

第一章　中国现行基本政治制度

　　民主政治制度是人类政治文明发展的制度化成果，也是世界各国普遍的制度追求。但是，由于各个国家和民族的具体情况不同，民主政治的发展道路和制度模式也是多样化的。中国在经历了 2000 多年的封建社会和 100 多年的半殖民地半封建社会之后，在执政的中国共产党的领导下逐步探索并确立了中国特色社会主义民主政治发展道路。实现和发展中国特色社会主义民主政治，是中国共产党始终不渝的奋斗目标，也是中国共产党人领导中国人民实现中华民族伟大复兴中国梦的政治保证。

　　独特的文化传统，独特的历史命运，独特的基本国情，注定了中国必然要走适合自己特点的发展道路。人民代表大会制度、中国共产党领导的多党合作和政治协商制度、民族区域自治制度以及基层群众自治制度，就是中国特色社会主义民主政治制度的基本内容，也是中国人民民主的主要实现形式。

与时俱进的人民代表大会制度

人民代表大会制度，是中国特色社会主义政治制度的重要组成部分，是中国共产党支持和保证中国人民实现当家做主的政权组织形式，是中国的根本政治制度，在中国国家政治生活中占有极其重要的位置。

在中国建立什么样的政治制度，是近代以来中国人民面临的一个历史性课题。为解决这一历史性课题，中国人民进行了艰辛探索。1840年鸦片战争后，中国逐步成为半殖民地半封建社会。那个时代，为了挽救民族危亡、实现民族振兴，无数仁人志士孜孜不倦寻找着适合国情的政治制度模式。辛亥革命之前，太平天国运动、洋务运动、戊戌变法、义和团运动、清末新政等都未能取得成功。辛亥革命之后，中国尝试过君主立宪制、帝制复辟、议会制、多党制、总统制等各种形式，各种政治势力及其代表人物纷纷登场，都没能找到正确答案。中国依然是山河破碎、积贫积弱，列强依然在中国横行霸道、攫取利益，中国人民依然生活在苦难和屈辱之中。

事实证明，不触动旧的社会根基的自强运动，各种名目的改良主义，旧式农民战争，资产阶级革命派领导的民主主义革命，照搬西方政治制度模式的各种方案，都不能完成中华民族救亡图存和反帝反封建的历史任务，都不能让中国的政局和社会稳定下来，也都谈不上为中国实现国家富强、人民幸福提供制度保障。

在中国人民顽强前行的伟大斗争中，中国共产党诞生了。自成立之日起，中国共产党就以实现中国人民当家做主和中华民族伟大复兴为己任，为"索我理想之中华"矢志不渝，"唤起工农千百万"，进行艰苦卓绝的革命斗争，终于彻底推翻了帝国主义、封建主义、官僚资本主义三座大山，建立了人民当家做主的新中国，亿万中国人民从此成为国家和社会的主人。这一伟大历史事件，从根本上改变了近代以后中国内忧外患、任人宰割的悲惨命运。

中国共产党领导中国人民取得革命胜利后，国家政权应该怎样组织？国家应该怎样治理？这是一个关系国家前途、人民命运的根本性问题。经过实践探索和理论思考，中国共产党人找到了答案。早在1940年，毛泽东同志就说道："没有适当形式的政权机关，就不能代表国家。中国现在可以采取全国人民代表大会、省人民代表大会、县人民代表大会、区人民代表大会直到乡人民代表大会的系统，并由各级代表大会选举政府。"

新中国的诞生，为中国人民把这一构想付诸实践奠定了前提、创造了条件。1949年9月，具有临时宪法地位的《中国人民政治协商会

1954年9月，中华人民共和国第一届全国人民代表大会第一次会议在北京举行。

议共同纲领》庄严宣告，新中国实行人民代表大会制度。1954 年 9 月，第一届全国人民代表大会第一次会议在北京召开。会议通过的《中华人民共和国宪法》及其有关国家机构的基本法律，对人民代表大会制度的基本原则和内容作出比较系统的规定，同时产生国家机构及其组成人员。这次会议的召开，标志着人民代表大会制度从中央到地方全面确立。

中国宪法规定，国家一切权力属于人民。人民行使国家权力的机关是全国人民代表大会和地方各级人民代表大会。人民代表大会制度，就是通过民主选举产生各级人民代表大会，并以人民代表大会为基础，组成整个国家机构，是实现人民当家做主的政权组织形式。具体而言，人民代表大会制度的基本内容主要体现在以下几个方面：

◎ 一是全国人民代表大会和地方各级人民代表大会都由民主选举产生，对人民负责，受人民监督。

目前，中国的全国人大代表和地方省、市、县、乡镇各级人大代表共有 270 多万人。他们是各级人民代表大会的主体，是各级国家权力机关的组成人员，代表全中国近 14 亿人民的利益和意志，依法参加行使国家权力。

这 270 多万人大代表是通过直接和间接选举产生的。全国人大代表以及省、自治区、直辖市、设区的市、自治州的人大代表，由下一级人民代表大会选举产生。不设区的市、市辖区、县及乡镇一级的人民代表大会代表，由选民直接选举产生。年满 18 岁的中国公民，不分民族、种族、性别、职业、家庭出身、宗教信仰、教育程度、财产状况和居住期限，都有选举权和被选举权。

全国人大代表总名额不超过 3000 人，由 32 个省、自治区、直辖市的人民代表大会和人民解放军选举产生。香港、澳门两个特别行政区代表名额和代表产生办法由全国人大另行规定。

省、自治区、直辖市的代表名额基数为350人，省、自治区每15万人可以增加代表一名，直辖市每2.5万人可以增加代表一名。代表总名额不得超过1000名。

设区的市、自治州的代表名额基数为240名，每2.5万人可以增加代表一名；人口超过1000万的，代表名额不得超过650名。

不设区的市、市辖区、县、自治县的代表名额基数为120名，每5000人可以增加一名代表。人口超过165万的，代表总名额不得超过450名；人口不足5万的，代表名额可以少于120名。

乡、民族乡、镇的代表名额基数为40名，每1500人可以增加一名代表，但是代表总名额不得超过160名；人口不足2000的，代表总名额可以少于40名。

近年来，中国全国人大代表选举的代表性越来越广泛。以十三届全国人大代表为例。在2980名选出的代表中：少数民族代表438名，

来自全国各地的少数民族代表出席在北京人民大会堂举行的全国人民代表大会和政治协商会议。

占代表总数的 14.70%，全国 55 个少数民族都有本民族的代表；归侨代表 39 名；连任代表 769 名，占代表总数的 25.81%。与十二届相比：妇女代表 742 名，占代表总数的 24.90%，提高了 1.5 个百分点；一线工人、农民代表 468 名（其中有 45 名农民工代表），占代表总数的 15.70%，提高了 2.28 个百分点；专业技术人员代表 613 名，占代表总数的 20.57%，提高了 0.15 个百分点。此外，中国香港特别行政区、澳门特别行政区应选代表的名额分别为 36 名、12 名，中国台湾省选举产生全国人大代表 13 名。这种广泛的代表性，较好地保证了中国各地区、各民族、各方面都有适当数量代表的要求。

代表候选人按照选区或者选举单位提名产生。各政党、各人民团体可以联合或者单独推荐代表候选人。选民或者代表 10 人以上可以联名推荐代表候选人。

全国和地方各级人民代表大会代表均实行差额选举。县、乡两级代表候选人的人数应比应选代表名额多三分之一至一倍；县以上的地方各级人民代表大会选举上一级人大代表的，代表候选人的人数应比应选名额多五分之一至二分之一。

人民代表的选举是严格依照法定程序进行的，并接受监督。在选举县、乡两级人民代表时，选民凭身份证或选民证领取选票，并在所在选区设立的投票站，以无记名投票的方式进行选举。选区全体选民过半数参加投票，选举有效。代表候选人获得参加投票的选民过半数的选票时，才能当选。县以上的地方各级人民代表大会选举上一级人大代表时，代表候选人获得全体代表过半数的选票时，才能当选。获得过半数选票的代表候选人超过应选代表名额时，以得票多的当选。如果遇到票数相等不能确定当选人时，应就票数相等的候选人再次投票，以得票多的当选。当选代表少于应选代表名额时，不足名额另行选举。

人民代表受选民和原选举单位的监督。选民或原选举单位有权罢免所选出的代表。县、乡两级人民代表，原选区选民50人或30人以上联名，写明罢免理由书面向县级人大常委会提出罢免要求。被提出罢免的代表有权提出书面申辩意见。县级人大常委会将罢免要求和被提出罢免代表的书面申辩意见印发给原选区选民。经由原选区选民以无记名投票方式表决，过半数选民通过后，报送上一级人大常委会备案、公告，则罢免生效。县以上的地方各级人民代表大会举行会议时，主席团或者十分之一以上代表联名，以及常务委员会主任会议或者常务委员会五分之一以上组成人员联名，可以提出对由该级人大选出的上一级人大代表的罢免案。罢免案应写明罢免理由。被提出罢免的代表有权书面提出申辩意见，由主席团或主任会议印发并经审议后，提请全体会议无记名投票表决。罢免经该级人大代表或常委会组成人员过半数通过后，报送上一级人大常委会备案、公告。

选举权和被选举权，是人民行使国家权力的重要标志。中国人民

2018年3月5日，中国邮政发行《中华人民共和国第十三届全国人民代表大会》纪念邮票。

主要是通过民主选举人民代表来表达自己的利益诉求，参与和行使国家事务、社会事务及其他事务的管理。

◎ **二是全国人民代表大会是最高国家权力机关，全国人大常委会是全国人大的常设机关，是最高国家权力机关的组成部分。**

全国人民代表大会每届任期五年，每年举行一次会议。

全国人民代表大会行使以下职权：修改宪法；监督宪法的实施；制定和修改刑事、民事、国家机构的和其他的基本法律；选举国家主席、副主席；根据国家主席的提名，决定国务院总理的人选；根据国务院总理的提名，决定国务院副总理、国务委员、各部部长、各委员会主任、审计长、秘书长的人选；选举中央军事委员会主席；根据中央军事委员会主席的提名，决定中央军事委员会其他组成人员的人选；选举国家监察委员会主任；选举最高人民法院院长；选举最高人民检察院检察长；审查和批准国民经济和社会发展计划和计划执行情况的报告；审查和批准国家预算和预算执行情况的报告；改变或者撤销全国人大常委会不适当的决定；批准省、自治区、直辖市的建置；决定特别行政区的设立及其制度；决定战争和和平问题；应当由最高国家权力机关行使的其他职权。

全国人大有权罢免下列人员：国家主席、副主席；国务院总理、副总理、国务委员、各部部长、各委员会主任、审计长、秘书长；中央军事委员会主席和中央军事委员会其他组成人员；国家监察委员会主任；最高人民法院院长；最高人民检察院检察长。

由于全国人民代表大会代表人数较多，不便于经常开会讨论决定问题，为此全国人大设立常务委员会，作为它的常设机关。全国人大常委会是最高国家权力机关的组成部分，在全国人大闭会期间，行使部分最高国家权力机关的职权，讨论决定除应当由全国人大讨论决定外的其他一系列国家重大问题，这样可以保证最高国家权力机关经常性地、有效地运作。在全国人大闭会期间，国务院、中央军事委员会主席、最高人民法院和最高人民检察院向全国人大常委会负责。

中国全国人大常委会由委员长、副委员长、秘书长和委员组成。全国人大常委会组成人员由全国人大选举产生，候选人由大会主席团从全国人大代表中提名，经全体代表酝酿讨论后确定正式候选人，交大会选举。可以说，常委会组成人员是全国人大的常务代表。全国人大常委会向全国人大负责和报告工作，接受全国人大的监督。全国人大有权罢免全国人大常委会组成人员，有权改变或者撤销全国人大常委会作出的不适当的决定。如果常委会组成人员因各种原因丧失代表资格，其常委会组成人员的职务也相应终止。

2018 年 3 月 18 日，新当选的第十三届全国人民代表大会常务委员会委员进行宪法宣誓。

中国全国人大常委会组成人员的产生实行差额选举，任期五年。现在的第十三届中国全国人大常务委员会有 159 名组成人员。

宪法规定，全国人大常委会组成人员不得担任行政机关、监察机关、审判机关和检察机关的职务。如果上述机关人员当选全国人大常委会组成人员，应辞去原有职务；如果全国人大常委会组成人员被选举或任命担任上述机关的职务，则必须辞去全国人大常委会的职务。这样可以保证全国人大常委会对上述机关的工作进行有效的监督，保证常委会组成人员能够集中精力从事人大工作。

中国全国人大常委会实行民主集中制，通过召集和举行会议，集体行使权力，依照法定程序，作出决定。

中国全国人大常委会会议一般每两个月举行一次，会期五天左右，召开的时间一般在双月的下旬。如有特殊需要时，可以临时召集常委会会议。常委会会议由委员长召集并主持，委员长可以委托副委员长主持会议。

常委会会议必须有全体常委会组成人员过半数以上参加，才得举行。常委会表决议案，必须由常委会全体组成人员的过半数通过，才能生效。

常委会举行会议时，下列人员列席会议：国务院、中央军委、最高人民法院、最高人民检察院的负责人，不是常委会委员的人大专门委员会组成人员，常委会副秘书长，工作委员会主任、副主任，其他有关部门负责人，各省、自治区、直辖市人大常委会主任或副主任一人。全国人大代表经邀请可以列席会议。列席会议人员有发言权，但没有表决权。

常委会会议和常务委员会的工作由常务委员会委员长主持，副委员长、秘书长协助委员长工作。为使常委会闭会期间的日常工作得到及时处理，并为常委会的召开做好组织筹备工作，根据全国人大组织法规定，全国人大常委会委员长、副委员长、秘书长组成委员长会议，负责处理常委会的重要日常工作，包括：决定每次会议的会期，拟定会议议程草案；对向常委会提出的议案和质询案，决定交由有关的专门委员会审议或者提请常委会全体会议审议；指导和协调各专门委员会的重要日常工作；处理常委会其他重要日常工作。除此之外，委员长会议还有一项重要工作，即向全国人大常委会提出议案。委员长会议根据工作需要，可以委托常委会的工作委员会、办公厅代拟议案草案，经委员长会议审议通过后向常委会提出。委员长会议由委员长召集和主持，委员长可以委托副委员长主持会议。

为加强中国全国人大及其常委会的工作，更有效地审议各项议案，全国人大还设立了十个专门委员会，即民族委员会、宪法和法律委员会、监察和司法委员会、财政经济委员会、教育科学文化卫生委员会、外事委员会、华侨委员会、环境与资源保护委员会、农业与农村委员会、社会建设委员会。专门委员会是全国人大的常设专门机构，受全国人

2018 年 4 月 25 日，十三届全国人大常委会第二次会议在北京召开。会上审议了最高人民法院关于提请审议《关于在上海设立金融法院的决定（草案）》的议案。

大及其常委会的领导，协助全国人大及其常委会行使职权。各专门委员会由主任委员、副主任委员和委员组成，其人选由大会主席团在代表中提名，大会表决通过。

专门委员会的主要职责是：审议全国人大主席团或者全国人大常委会交付的议案、质询案和被认为同宪法、法律相抵触的规范性文件，提出报告；向全国人大主席团或者全国人大常委会分别提出属于全国人大职权范围和常委会职权范围内同本委员会有关的议案；对属于全国人大或全国人大常委会职权范围内同本委员会有关的问题，进行调查研究，提出建议。专门委员会还协助全国人大常委会开展监督工作，开展执法检查和整改工作的跟踪检查，协助常委会听取和审议专项工作报告以及专题询问等。

中国全国人大常委会的职权是由人民代表大会制度所决定的，是人民代表大会统一行使国家权力的有机组成部分。《宪法》第67条赋予全国人大常委会的职权有22项，概括起来，主要有立法权、监督权、重大事项决定权、人事任免权等四个方面。

第一，立法权。立法权即依照法定程序制定、修改、补充、解释或者废止法律的权力，是一项重要的国家权力。中国现行宪法对立法权限的划分作了基本的界定，确立了具有中国特色的立法体制，即统一的、分层次的立法体制。在这个立法体制中，全国人大及其常委会行使国家立法权，具有最高地位。

国家立法权是以国家名义制定法律的权力，具有权威性。行使国家立法权，是集中体现中国共产党的主张和全国各族人民的共同意志、维护国家法制统一的重大政治活动。根据宪法规定，全国人大和它的常委会共同行使国家立法权。

根据宪法和立法法，全国人大及其常委会在行使国家立法权上的分工是：全国人大制定和修改刑事、民事、国家机构和其他的基本法律，例如刑法、刑事诉讼法，民法通则、物权法、民事诉讼法，全国人大组织法、国务院组织法、地方组织法等；全国人大常委会制定和修改除应由全国人大制定的法律以外的其他法律，在全国人大闭会期间，对全国人大制定的法律进行部分补充和修改，但是不得同该法律的基本原则相抵触。

按照立法法的规定和实践中的做法，全国人大修改宪法、制定和修改基本法律，一般也要先经常委会审议，由全国人大常委会向全国人大提出议案，或者由其他国家机关依法向全国人大提出议案，再由全国人大会议审议通过。

根据需要对宪法和法律进行解释，是与行使国家立法权紧密相关的又一项重要工作。宪法明确规定法律解释权属于全国人大常委会。当法律的规定需要进一步明确具体含义，或者法律制定后出现新的情况，需要明确适用的法律依据时，由全国人大常委会进行法律解释。全国人大常委会对法律的解释属于立法解释，这种解释同法律具有同等效力。

近年来，中国全国人大围绕重点领域加强立法工作，不断完善以宪法为核心的中国特色社会主义法律体系。以加强社会主义市场经济立法为例，过去几年来，中国全国人大及其常委会制定环境保护税法、烟叶税法、船舶吨税法，修改企业所得税法；开展产权保护法律清理工作；修改反不正当竞争法、中小企业促进法、农民专业合作社法、促进科技成果转化法、标准化法、商标法、广告法，制定旅游法、资产评估法等。

第二，监督权。监督权是宪法和法律赋予全国人大及其常委会的又一项重要职权，包括工作监督和法律监督两方面内容。其中全国人大常委会承担着大量的、经常性的监督工作。

中国全国人大常委会的监督是中国共产党和国家监督体系的重要组成部分，具有法律效力。全国人大常委会依法对"一府两院"进行监督，既是一种制约，又是一种支持。全国人大常委会行使监督权，目的在于确保宪法和法律得到正确实施，维护社会主义法制的统一、尊严和权威；确保行政权、审判权、检察权得到正确行使，推进"一府两院"依法行政、公正司法和改进工作；确保公民、法人和其他组织的合法权益得到切实尊重和维护，实现好、维护好、发展好广大人民的根本利益和切身利益。

按照监督法的规定，全国人大常委会的监督工作主要包括：听取和审议"一府两院"专项工作报告；审查和批准决算，听取和审议计划、预算的执行情况报告和审计工作报告；组织执法检查，对法律的实施情况进行检查监督；进行规范性文件的备案审查等。为保证宪法和法律得到正确实施，维护国家法制的统一，全国人大常委会有权撤销国务院制定的同宪法、法律相抵触的行政法规、决定和命令；撤销省、自治区、直辖市制定的同宪法、法律和行政法规相抵触的地方性法规和决议。最高人民法院、最高人民检察院作出的具体应用法律的解释，依法应当报全国人大常委会备案审查。

第三，重大事项决定权。依照宪法规定，全国人大常委会的重大事项决定权主要包括：在全国人大闭会期间，审查和批准国民经济和社会发展计划、国家预算在执行过程中所必须作的部分调整方案；决定同外国缔结的条约和重要协定的批准和废除；规定军人和外交人员的衔级制度和其他专门衔级制度；规定和决定授予国家的勋章和荣誉称号；决定特赦；在全国人大闭会期间，如果遇到国家遭受武装侵犯或者必须履行国际间共同防止侵略的条约的情况，决定战争状态的宣布；决定全国总动员或者局部动员；决定全国或者个别省、自治区、直辖市进入紧急状态；等等。

第四，人事任免权。依照宪法规定，中国全国人大行使对国家机关领导人员的选举或决定任命权。在全国人大闭会期间，全国人大常委会行使对国家机关领导人员的任免权。选举或决定任免国家机关领导人员、组织国家机关，是使国家政权真正掌握在人民手中的重要途径。

在中国全国人大闭会期间，全国人大常委会根据国务院总理的提名，决定国务院的部长、委员会主任、审计长、秘书长的人选；根据中央军事委员会主席的提名，决定中央军事委员会其他组成人员的人选；根据国家监察委员会主任提名，任免国家监察委员会副主任、委员；根据委员长会议的提名，补充任命专门委员会个别副主任委员和部分委员人选；根据最高人民法院院长的提请，任免最高人民法院副院长、审判员、审判委员会委员和军事法院院长；根据最高人民检察院检察长的提请，任免最高人民检察院副检察长、检察员、检察委员会委员和军事检察院检察长，并且批准省、自治区、直辖市的人民检察院检察长的任免；决定国家驻外全权代表的任免。

在中国全国人大闭会期间，常委会可以接受常委会组成人员、国家主席、国家副主席、总理、副总理、国务委员、中央军委主席、最高人民法院院长和最高人民检察院检察长的辞职，报请全国人大下次会议确认。全国人大闭会期间，国务院、中央军委、最高人民法院和最高人民检察院正职领导缺位的，可分别从上述机关的副职领导人中决定代理人选。

中国全国人大常委会依照宪法和法律规定行使以上四个方面的职权，是受人民委托、代表全国各族人民的意志和利益，行使管理国家事务权力的重要内容。

◎ **三是中国地方各级人民代表大会是地方国家权力机关，主要包括省、自治区、直辖市、自治州、县、自治县、市、市辖区、乡、民族乡、镇等人民代表大会。**

中国各个省、直辖市、县、市、市辖区、乡、民族乡、镇均设立人民代表大会。自治区、自治州、自治县设立自治机关。地方各级人民代表大会是地方国家权力机关。县级以上的地方各级人民代表大会设立常务委员会。

地方各级人民代表大会每届任期五年。

中国地方各级人民代表大会的权力包括：在本行政区域内，保证宪法、法律、行政法规的遵守和执行；依据法律规定的权限，通过和发布决议，审查和决定地方的经济建设、文化建设和公共事业建设计划；选举并有权罢免本级人民政府的省长和副省长、市长和副市长、县长和副县长、区长和副区长、乡长和副乡长、镇长和副镇长。

除上述权力外，县级以上地方各级人民代表大会还有权审查和批准本行政区域的国民经济和社会发展计划、预算及其执行情况的报告；有权改变和撤销本级人民代表大会常务委员会不适当的决定；选举并有权罢免本级监察委员会主任、人民法院院长和人民检察院检察长；选举并有权罢免本级人民代表大会常务委员会的组成人员。其中选出或者罢免人民检察院检察长，须报上级人民检察院检察长提请该级人

重庆市首部保护历史文化遗产的地方性法规《重庆市大足石刻保护条例》经重庆市四届人大常委会第三十五次会议审议通过，于2017年6月1日起施行。图为大足石刻。

大常委会批准。

省、直辖市的人民代表大会及其常委会，在不与宪法、法律、行政法规相抵触的前提下，可以制定地方性法规，报全国人大常委会备案。

县级以上的地方各级人民代表大会所设立的常务委员会由主任、副主任若干人和委员若干人组成，对本级人民代表大会负责并报告工作。常委会组成人员不得担任国家行政机关、监察机关、审判机关和检察机关的职务。

县级以上地方各级人民代表大会常务委员会的职权包括：讨论和决定本行政区域内各方面工作的重大事项；监督本级人民政府、监察委员会、人民法院、人民检察院的工作；撤销本级人民政府不适当的决定和命令；撤销下一级人民代表大会不适当的决议；依照法律规定的权限决定国家机关工作人员的任免；在本级人民代表大会闭会期间，罢免和补选上一级人民代表大会的个别代表。

人民代表大会制度是一项适合中国国情的制度创建，既体现了国家的社会主义性质，保障了国家的稳定和发展，也能够保证人民在参与国家、社会管理过程中的共同意志和根本利益。其突出的特点就是实行民主集中制，不搞三权分立。人民代表大会制度是按照民主集中制原则组织和运作的国家政权制度，它由各级人民代表大会代表人民统一行使国家权力，"一府两院"由本级人大产生，对本级人大负责，受本级人大监督。各国家机关虽然分工不同、职责不同，但目标是完全一致的，都由中国共产党统一领导，在各自职权范围内贯彻落实党的路线方针政策和宪法法律，围绕党和国家工作大局开展工作，共同为建设中国特色社会主义服务。这样一种政权制度，充分体现了民主与集中的统一，既有利于维护和保证人民当家做主，充分调动广大人民建设国家的积极性，又有利于国家机关对经济、政治、文化、社会事务的高效管理。

2018 年 10 月 24 日，十三届全国人大常委会第六次会议在北京人民大会堂举行第二次全体会议。

近年来，中国人民代表大会制度始终与改革同步，与发展相融。中国全国人大常委会通过依法履职，在立法、监督、代表等方面，不断创新人大工作体制机制，形成了很多制度性成果。比如，在立法工作方面，着力推进重点领域立法，立法工作呈现出数量多、分量重、节奏快的特点。2013—2016 年，全国人大常委会共制定 17 部法律，修改 95 部法律，取得了一批新的重要成果。十二届全国人大三次会议对立法法作出重要修改，进一步明确立法权限，赋予设区的市地方立法权。人大常委会与时俱进完善立法体制，为局部地区或者特定领域先行先试提供法律依据和支持；同时，出台《关于建立健全全国人大专门委员会、常委会工作机构组织起草重要法律草案制度的实施意见》等重要文件，不断健全法律草案征求代表意见、基层立法联系点等制度。在讨论决定重大事项方面，党中央关于健全人大讨论决定重大事项制度、各级政府重大决策出台前向本级人大报告的部署得到落实，人大讨论决定重大事项的范围和程序进一步明确和完善，人大常委会定期听取和审议国务院、最高人民法院、最高人民检察院工作报告。在监督工作方面，强化公共资源配置和保障改善民生的监督，改进预算初审工作，制定《关于建立预算审查前听取人大代表和社会各界意见建议的机制的意见》，实施全口径预算监督。进一步规范执法检查、专题询问等监督方式，逐渐探索形成 6 个环节的"全链条"监督工作流程，进一步增强了人大监督的系统性、针对性和有效性。中国全国人大常委会共邀请人大代表 1440 多人次列席常委会会议、1230 多人次参加执法检查等活动。

同时，近年来中国全国人大还高度重视对外交往，加强同世界各国议会友好往来。近几年来，中国全国人大共接待 275 个外国议会代表团来华访问，组织 311 个代表团出访；同 19 个国家议会和各国议会联盟签署 21 项合作文件，同俄罗斯、美国等 21 个国家议会和欧洲议会建立交流机制，开展 65 次交流活动；积极开展议会多边外交，

2017 年 6 月 5 日，全国人大西藏代表团对泰国进行友好访问后合影。

2018 年 7 月 2 日，"一带一路"法治合作国际论坛在北京举行，中国国务委员兼外交部部长王毅出席论坛开幕式并作主旨演讲。

中国全国人大常委会委员长出席第四次世界议长大会，首次出席各国议会联盟大会，就消除贫困、促进和平发展、推动国际关系民主化等提出中国主张、中国倡议；在亚太议会论坛、金砖国家议会论坛、拉美议会等国际和地区议会组织中发挥建设性作用。此外，中国全国人大还坚持把推动落实习近平主席重大外交行动成果作为首要任务，增进相互了解和政治互信，扩大民意基础和社会基础；推动有关国家议会支持和批准对华合作文件，加强共建"一带一路"法律保障和政策协调等。

中国共产党领导的多党合作和政治协商制度

中国共产党领导的多党合作和政治协商制度，是中国共产党与各民主党派在中国革命、建设和改革的长期实践中确立和发展起来的，是中国共产党同各民主党派风雨同舟、团结奋斗的成果，是当代中国的一项基本政治制度，是中国特色社会主义民主政治制度的重要形式。

◎ 中国共产党领导的多党合作制度

在当代中国，除中国共产党外，目前还有八个民主党派，即中国国民党革命委员会（简称民革）、中国民主同盟（简称民盟）、中国民主建国会（简称民建）、中国民主促进会（简称民进）、中国农工民主党（简称农工）、中国致公党（简称致公）、九三学社（简称九三）和台湾民主自治同盟（简称台盟）。

这八个民主党派都诞生于 20 世纪 30、40 年代，并且从一开始就与中国共产党建立了互济互助的合作关系。在新民主主义革命时期，各民主党派与中国共产党相互合作、相互支持，共同为争取实现民族解放和人民民主进行了不懈的奋斗。中华人民共和国成立之后，各民主党派与执政的中国共产党建立起密切的政治联盟，各自联系社会主义劳动者、社会主义事业建设者及拥护社会主义的爱国者，共同为中国社会主义建设和中华民族伟大复兴进行长期奋斗。1956 年，毛泽东在总结中国共产党与各民主党派长期合作的历史经验和国际共产主义运动的教训时说："究竟是一个党好，还是几个党好？现在看来，恐怕是几个党好。不但现在如此，而且将来也可以如此，就是长期共存，互相监督。""这对党，对人民，对社会主义比较有利。"于是，"长期共存，互相监督"被确立为中国共产党与各民主党派关系的政治原则。

进入改革开放新时期以后，中国共产党重新恢复这一原则，并加以发展。1982 年，中共十二大报告中进一步提出了"长期共存，互相监督，肝胆相照，荣辱与共"的十六字方针，这成为中国共产党在改革开放和社会主义建设历史时期正确处理与各民主党派关系的基本政治原则，也标志着中共与各民主党派之间形成了新型的合作关系。1989 年 12 月，中共中央制定并颁布的《中共中央关于坚持和完善中国共产党领导的多党合作和政治协商制度的意见》中，首次提出了"参政党"概念，明确指出，各民主党派是"接受中国共产党领导的，同中国共产党通力合作，共同致力于社会主义事业的亲密友党，是参政党"。

中国共产党领导的多党合作制度，其首要前提是坚持中国共产党的领导。在中国共产党的领导下，各民主党派参与执政，通过各种形式、各种途径，程度不同地参与到国家大政方针、法律法规的制定执行中，参与到国家政权和各项国家事务的管理中。中国共产党与各民主党派之间不存在竞争关系，也不存在竞选行为，更不存在政党的轮替执政。在党派关系上，中国共产党与各民主党派之间是亲密合作的友党关系；在国家政治制度上，中国共产党是执政党，各民主党派是参政党。这是中国共产党领导的多党合作制度与一些国家实行的多党制、两党制的本质区别。邓小平曾指出："在中国共产党的领导下，实行多党派合作，这是我国具体历史条件和现实条件所决定的，也是我国政治制

2018年11月18日，"纪念改革开放40周年民盟盟员美术作品展"在深圳雅昌艺术中心举办。

2014年，民革吉林市龙潭区总支委员会在江北乡进行社会服务调研的过程中了解到江北实验李家小学没有统一校服，民革党员自助捐资，为学生捐赠价值近2万元的校服。

度中的一个特点和优点。"

根据宪法规定，中国共产党与各民主党派都必须以宪法为根本活动准则，都负有维护宪法权威、保证宪法实施的职责。各民主党派不是反对党或在野党，他们通过发挥参政功能，实现并保证在国家政治权力结构中的地位，同时通过不断提高自身素质和加强自身建设，提升自身的参政能力和扩大自身的影响力。

◎ 中国人民政治协商会议与政治协商制度

中国人民政治协商会议是中国共产党领导的多党合作和政治协商的重要机构，是中国政治生活中发扬社会主义民主的重要形式。团结和民主是中国人民政治协商会议的两大主题。

1949年9月，中国人民政治协商会议第一届全体会议代行全国人民代表大会的职权，代表全国人民的意志，宣告中华人民共和国成立，

2016 年 1 月 25 日，国务院总理李克强主持召开座谈会，听取各民主党派中央、全国工商联负责人和无党派人士代表对《政府工作报告（征求意见稿）》和《"十三五"规划纲要（草案）（征求意见稿）》的意见建议。

通过了具有临时宪法性质的《中国人民政治协商会议共同纲领》，选举产生了中华人民共和国中央人民政府委员会和中国人民政治协商会议第一届全国委员会，发挥了重要的历史作用。1954 年第一届全国人民代表大会召开后，中国人民政治协商会议继续在国家的政治生活和社会生活中发挥重要作用，并作出了重要的贡献。1978 年 12 月中国共产党十一届三中全会以来，在改革开放和社会主义建设新的历史时期，中国人民政治协商会议促进参加该会议的各党派、无党派人士的团结合作，充分体现和发挥中国社会主义政党制度的特点和优势，在国家政治、经济、文化等建设事业中进一步发挥重要作用。

中国人民政治协商会议的重要职能是政治协商、民主监督、参政议政。

政治协商就是中国共产党与各民主党派、人民团体及各方面代表人士，在共同遵守宪法和法律的基础上，就国家和地方的大政方针以及政治、经济、文化和社会生活中的重要问题，在决策之前、决策执行过程中进行各种形式的充分讨论、有效协商，以期解决问题。政治协商是中国共产党领导的多党合作的重要体现，是各级政府实行科学民主决策的重要环节，是中国共产党提高执政能力的重要途径。

民主监督就是对国家宪法、法律和法规的实施，重大方针政策的贯彻执行，国家机关及其工作人员的工作，通过建议和批评进行监督。民主监督是当代中国社会主义监督体系的重要组成部分。

参政议政就是对政治、经济、文化和社会生活中的重要问题以及人民群众普遍关心的问题，开展调查研究，反映社情民意，进行协商讨论。通过调研报告、提案、建议案或其他形式，向中国共产党和国家机关提出意见和建议。参政议政是人民政协履行职能的重要形式。

中国人民政治协商会议已经成为中国共产党实现决策科学化、民主化的重要保障，成为实现政治沟通的主要渠道。政治协商制度也已经成为中国人民当家做主，参与国家事务、社会事务管理和监督的重要制度形式。

◎ 中国人民政治协商会议的组织架构

中国人民政治协商会议设全国委员会和地方委员会。

政协全国委员会由中国共产党、各民主党派、无党派人士、人民团体、各少数民族和各界的代表，香港特别行政区同胞、澳门特别行政区同胞、台湾同胞和归国侨胞的代表以及特别邀请的人士组成。

政协全国委员会每届任期五年，设主席、副主席若干人，秘书长。政协全国委员会第一届至第十二届（1949 年至 2018 年）主席分别是：毛泽东（第一届；第二至第四届名誉主席）、周恩来（第二至第四届）、邓小平（第五届）、邓颖超（第六届）、李先念（第七届）、李瑞环（第

政治协商会议全国委员会在 1963 年元旦设宴招待在北京的 70 岁以上的全国政协委员、全国人民代表大会代表、各民主党派中央负责人以及国务院各部门领导和参事室的老人。政协全国委员会主席周恩来出席了宴会并向老人们祝贺。

八届、第九届）、贾庆林（第十届、第十一届）、俞正声（第十二届）。现任第十三届全国政协主席为汪洋。

政协全国委员会设若干界别，历届政协界别随着国家形势的发展和经济社会结构的变化不断进行调整。政协第十二届全国委员会共设34 个界别。

全国政协委员是中国各个领域、各个界别有代表性和有社会影响、有参政议政能力的人物，以协商推荐的方式产生。每届政协委员名额和人选经上届全国委员会主席会议审议同意后，由常务委员会协商决定。政协第十三届全国委员会共有委员 2158 名。其中，中共委员 859 名，占 39.8%，非中共委员 1299 名，占 60.2%。56 个民族都有人选进入全国政协。平均年龄 55.9 岁。大学以上学历 1971 名，中国科学院院士、中国工程院院士共 105 名。此外，还有中国各大宗教团体负责人，有台湾同胞和香港、澳门各界知名人士，有外国血统的中国籍专家，有

资料：中国人民政治协商会议第十三届全国委员会 34 个界别一览

1. 中国共产党
2. 中国国民党革命委员会
3. 中国民主同盟
4. 中国民主建国会
5. 中国民主促进会
6. 中国农工民主党
7. 中国致公党
8. 九三学社
9. 台湾民主自治同盟
10. 无党派人士
11. 中国共产主义青年团
12. 中华全国总工会
13. 中华全国妇女联合会
14. 中华全国青年联合会
15. 中华全国工商业联合会
16. 中国科学技术协会
17. 中华全国台湾同胞联谊会
18. 中华全国归国华侨联合会
19. 文化艺术界
20. 科学技术界
21. 社会科学界
22. 经济界
23. 农业界
24. 教育界
25. 体育界
26. 新闻出版界
27. 医药卫生界
28. 对外友好界
29. 社会福利和社会保障界
30. 少数民族界
31. 宗教界
32. 特邀香港人士
33. 特邀澳门人士
34. 特别邀请人士

在社会变革中出现的新的社会阶层的代表人物等。

政协全国委员会全体会议每年举行一次，常务委员会认为必要时，可以临时召集。

政协全国委员会全体会议行使下列职权：（一）修改中国人民政治协商会议章程，监督章程的实施；（二）选举全国委员会的主席、副主席、秘书长和常务委员；（三）听取和审议常务委员会的工作报告；

（四）讨论本会重大工作方针、任务并作出决议；（五）参与对国家大政方针的讨论，提出建议和批评。

政协全国委员会设常务委员会主持会务。常务委员会由全国委员会主席、副主席、秘书长、常务委员组成，其候选人从政协委员中产生，由参加政协全国委员会的各党派团体、各族各界人士协商提名，经全国委员会全体会议选举产生。全国委员会主席主持常务委员会的工作，副主席、秘书长协助主席工作。主席、副主席、秘书长组成主席会议，处理常务委员会的重要日常工作。

政协全国委员会常务委员会行使以下职权：（一）解释中国人民政治协商会议章程，监督章程的实施；（二）召集并主持中国人民政治协商会议全国委员会全体会议；每届第一次全体会议由会议选举主席团主持；（三）组织实现中国人民政治协商会议章程规定的任务；（四）执行全国委员会全体会议的决议；（五）全国委员会全体会议闭会期间，审查通过提交全国人民代表大会及其常务委员会或国务院的重要建议案；（六）根据秘书长的提议，任免中国人民政治协商会议全国委员会副秘书长；（七）决定中国人民政治协商会议全国委员会工作机构的设置和变动，并任免其领导成员。

政协全国委员会根据工作需要设立若干专门委员会及其他工作机构。专门委员会是在常务委员会和主席会议领导下，组织委员进行经常性活动的工作机构。各专门委员会设主任一人，副主任、委员若干人。

在当前中国深化机构改革的大背景下，与政协第十二届全国委员会设置 9 个专门委员会相比，政协第十三届全国委员会增设了 1 个委员会，即农业和农村委员会。另外，政协第十二届全国委员会的"教科文卫体委员会""文史和学习委员会"分别更名为政协第十三届全国委员会"教科卫体委员会""文化文史和学习委员会"。改革调整后，新组成的 10 个专门委员会分别是：提案委员会、经济委员会、农业和农村委员会、人口资源环境委员会、教科卫体委员会、社会和法制

2018 年 3 月 14 日下午，全国政协十三届一次会议在北京人民大会堂举行第四次全体会议，选举中国人民政治协商会议第十三届全国委员会主席、副主席、秘书长和常务委员。

委员会、民族和宗教委员会、港澳台侨委员会、外事委员会、文化文史和学习委员会。

　　中国政协的地方委员会包括省、自治区、直辖市委员会，自治州、地级市委员会，县、县级市委员会三级。中国各省、自治区、直辖市，自治州、设区的市、县、自治县、不设区的市和市辖区，凡有条件的地方都设立了政协组织。中国政协各级地方委员会每届任期 5 年，各级地方委员会及其常务委员会的组成、产生办法、主要职责和工作机构的设置等，根据政协章程的规定，结合当地实际情况，参照全国委员会的做法而定。

　　上级政协组织对下级政协组织的关系是指导关系，其指导形式主要有：下级政协负责人列席上级政协的全体会议、常委会议及其他重要的工作会议；上级政协定期或不定期召开经验交流会等会议；上级政协的主席、副主席或其他领导人到下级政协视察指导工作；上级政协定期或不定期举办培训班，分期分批培训下级政协的领导人、政协委员和机关工作人员；上级政协和下级政协之间加强信息沟通和交流，建立畅通的信息工作网络；上级政协就一些重要问题同下级政协开展联合调研。

近年来，中国政协组织在国家政治生活和经济社会发展中发挥了越来越重要的作用。中国各级政协组织强化民主监督职能，发挥协商式监督特色优势，重点监督国家重大改革举措、重要决策部署贯彻执行情况，通过调研察看发现问题，围绕履责不力提出批评，针对存在不足督促改进。譬如，聚焦中国精准扶贫、精准脱贫重大战略，随机

2018年1月，中国人民政治协商会议重庆市第五届委员会第一次会议现场。

走访、进村入户，进行问卷调查，辅以分析贫困县财政支出情况专项调研和有关地方政协协同调研，"解剖麻雀"、发现问题。中国政协组织为保障和改善民生建言献策，抓住涉及人民群众切身利益的实际问题，开展视察调研和协商议政活动。如为办好人民满意的教育，针对学前教育、义务教育、高中教育、高等教育、职业教育、特殊教育和乡村教师队伍建设、困难学生资助等问题深度建言，推动教育事业全链条发展；为加强健康中国建设，深化医药卫生体制改革，紧扣医疗、医保、医药"三医"联动，从优生健康检查、青少年疾病预防、职业病防治、全民健身和体育产业到安宁疗护，从公立医院改革、民营医院发展、仿制药质量到医患关系改善，开展系列履职活动，促进人民健康全周期保障；为了民生关切，就食品安全监管、无障碍环境建设、住宅房地产调控、去产能过程中职工就业再就业、大学生和退役士兵就业创业、养老及医养结合等问题，以及建筑环卫工人、农民工、残疾人、留守儿童等群体权益保障等问题深入协商，对涉及群众生活的问题全景式关注。

实践证明，中国人民政治协商会议在国家政治生活、社会生活、对外友好活动、社会主义现代化建设及维护国家统一、民族团结等过程中，都发挥了重要作用。中国共产党领导的多党合作和政治协商制度在国家政治、经济、社会生活中的地位和作用也正在逐步增强。

多民族共同发展的民族区域自治制度

民族区域自治是当代中国的一项基本政治制度。实行这一制度，充分体现了中国坚持实行各民族平等、团结、合作和共同发展、共同繁荣的原则。

中国是一个统一的多民族国家，汉族人口最多，其他 55 个民族人口相对较少，习惯上称之为"少数民族"。据 2010 年第六次全国

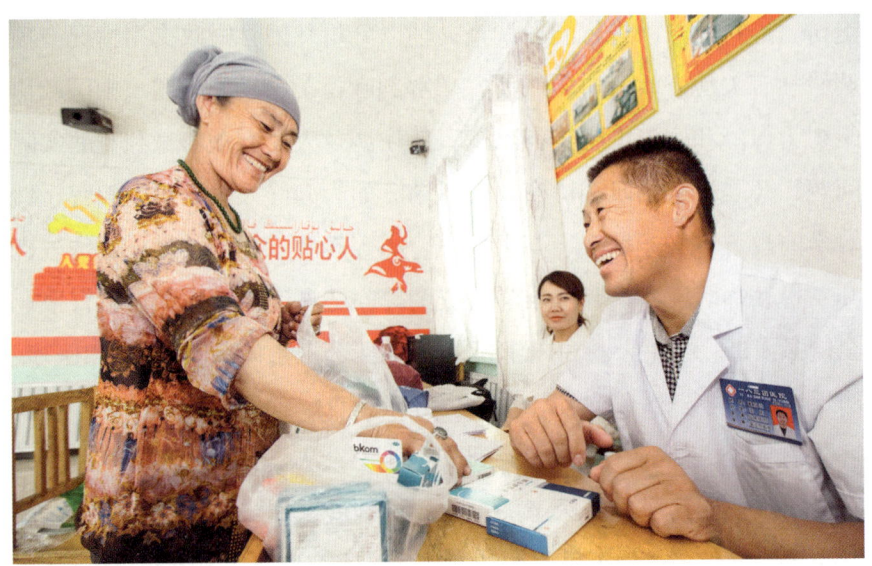

2017 年 5 月 24 日，新疆生产建设兵团第十师一八三团医院组织医疗小分队，为周边少数民族乡镇进行免费义诊活动，并向当地少数民族群众宣传健康医疗知识。

人口普查统计，中国少数民族人口为 11379 万人，占全国总人口的 8.49%。中国各族人民都为缔造统一的多民族国家，创造悠久灿烂的中华文明，推动中国历史的发展进步，作出了重要贡献。民族区域自治是指在国家的统一领导下，各少数民族聚居地方实行区域自治，设立自治机关，行使自治权。民族区域自治的核心，是保障少数民族当家做主，管理本民族、本地方事务的权利。邓小平指出："解决民族问题，中国采取的不是民族共和国联邦的制度，而是民族区域自治制度。我们认为这个制度比较好，适合中国的情况。"

◎ 实行民族区域自治的依据

实行民族区域自治，是中国共产党根据中国历史发展、文化特点、民族关系和民族分布等具体情况作出的制度性安排，符合中国国情，也符合各民族人民的共同利益和发展要求。

首先，统一的多民族国家的长期存在和发展，是实行民族区域自治的历史依据。中国在历史上，自秦朝建立起大一统的封建王朝以后，一直以集中统一的多民族国家为主要形式。各民族之间虽然有战有和、有统有分，但在漫长的历史发展过程中，认同自己是中国大家庭中的一员，始终是各民族关系的主流。历史上统一多民族国家的长期存在，也极大地促进了各民族之间的政治、经济和文化交流，不断增进各民族对中央政权的向心力和认同感。

第二，近代以来在反抗外来侵略斗争中形成的爱国主义精神，是实行民族区域自治的政治基础。1840年鸦片战争之后的110年间，中国屡遭帝国主义侵略、欺凌，中国各族人民陷入被压迫、被奴役境地。在国家四分五裂、民族生死存亡的危急关头，中国各族人民共御外侮，为维护国家主权统一、争取民族独立和解放进行了艰苦卓绝的斗争。在反抗外来侵略的斗争中，人们深切体会到：中国各族人民只有紧密地团结和联合起来，才能维护国家主权统一、领土完整和实现国家繁

2018年9月2日，"2018首届内蒙古旅游产业博览会"在内蒙古自治区包头市开幕。图为蒙古族牧民体验虚拟现实技术。

荣富强；只有实现国家的主权统一和领土完整，各民族才能实现真正的自由平等和发展进步。

第三，各民族大杂居、小聚居的人口分布格局，各地区资源条件和发展的差异，是实行民族区域自治的现实条件。在长期的历史发展过程中，中国各民族频繁迁徙，逐渐形成了大杂居、小聚居的分布格局。汉族作为人口最多的民族遍布全国。少数民族人口虽少，且主要居住在广大边疆地区，但在内地县级以上行政区域都有居住。这种你中有我、我中有你、相互依存的人口分布状况决定了以少数民族聚居的地方为基础，建立不同类型和不同行政级别的民族自治地方，有利于民族关系的和谐稳定和各民族的共同发展。

占中国人口不到 10% 的少数民族聚居的地方，占全国国土总面积的 60% 以上，自然资源丰富，但经济社会发展水平相对落后。实行民族区域自治，可以在充分发挥少数民族地区优势的同时，促进少数民族地区与其他地区之间的交流与合作，从而加快少数民族地区和整个国家的现代化建设步伐，实现各地区的共同发展和各民族的共同繁荣。

◎ 民族区域自治制度的建立和发展

中国共产党自 1921 年成立后，就积极探索解决中国民族问题的正确道路，团结并带领全国各族人民取得了新民主主义革命的胜利。1949 年 9 月，新中国成立前夕召开的中国人民政治协商会议通过《中国人民政治协商会议共同纲领》，把民族区域自治确定为一项基本国策。1952 年，中央人民政府颁布了《中华人民共和国民族区域自治实施纲要》，对民族自治地方的建立、自治机关的组成、自治机关的自治权利等作出明确规定。1954 年召开的第一届全国人民代表大会通过的《中华人民共和国宪法》，明确载入了民族区域自治制度。在总结实施民族区域自治经验的基础上，1984 年 5 月，第六届全国人民代表大会第二次会议通过了《民族区域自治法》，自同年10月1日起正式实施。1997年，中共十五大报告中，第一次明确把民族区域自治制度与人民代表大会制度、中国共产党领导的多党合作和政治协商制度并列，作为中国必须长期坚持的重要政治制度，从而极大地突出了民族区域自治制度在中国特色社会主义民主政治制度体系内的地位。

2001年修改颁布的《中华人民共和国民族区域自治法》则明确规定："民族区域自治制度是国家的一项基本政治制度。"《民族区域自治法》是实施《宪法》规定的民族区域自治制度的基本法律，其内容涵盖政治、经济、文化、社会等各个方面。它规范了中央和民族自治地方的关系，以及民族自治地方各民族之间关系，其法律效力不只限于民族自治地方，全国各族人民和一切国家机关都必须遵守、执行

2018年9月19日，庆祝宁夏回族自治区成立60周年文艺晚会在银川举行。

该项法律。

在中华人民共和国成立之前的 1947 年，中国共产党就领导建立了中国第一个省级少数民族自治地方——内蒙古自治区。中华人民共和国成立后，中国政府开始在少数民族聚居的地方全面推行民族区域自治。1955 年 10 月，新疆维吾尔自治区成立；1958 年 3 月，广西壮族自治区成立；1958 年 10 月，宁夏回族自治区成立；1965 年 9 月，西藏自治区成立。目前，中国共建立了 155 个民族自治地方，包括 5 个自治区、30 个自治州、120 个自治县（旗）。在 55 个少数民族中，有 45 个建立了自治地方，实行区域自治的少数民族人口占少数民族总人口的 70%，民族自治地方的面积占全国国土总面积的 64% 左右。鉴于一些少数民族聚居地域较小、人口较少并且分散，不宜建立自治地方，《宪法》规定通过设立民族乡的办法，使这些少数民族也能行使当家做主、管理本民族内部事务的权利。1993 年，中国政府颁布《民族乡行政工作条例》，以保障民族乡制度的实施。目前，中国在相当于乡的少数民族聚居的地方共建立了 1248 个民族乡（镇），分布在 28 个省、自治区、直辖市，全国建立民族乡的少数民族有 47 个。

◎ 民族自治地方及民族自治机关

中国的民族自治地方分为自治区、自治州、自治县三级；划分的依据，是少数民族聚居区人口的多少、区域面积的大小。各民族自治地方都是中华人民共和国领土不可分割的部分。民族自治地方的自治机关必须维护国家的统一，保证宪法和法律在本地方的遵守和执行。上级国家机关和民族自治地方的自治机关都要维护和发展平等、团结、互助的民族关系。

民族自治地方的建立、区域界线的划分、名称的组成，由上级国家机关会同有关地方的国家机关和有关民族的代表充分协商拟定，按照法律规定的程序报请批准。自治区的建置由全国人民代表大会批准。

自治区的区域划分以及自治州、自治县的建置和区域划分由国务院批准。民族自治地方一经建立，未经法定程序，不得撤销或者合并；民族自治地方的区域界线一经确定，未经法定程序，不得变动。确实需要撤销、合并或者变动的，由上级国家机关的有关部门和民族自治地方的自治机关充分协商拟定，按照法定程序报请批准。

民族自治地方的自治机关是自治区、自治州、自治县的人民代表大会和人民政府。民族自治地方的人民代表大会中，除实行区域自治的民族的代表外，其他居住在本行政区域内的民族也应当有适当名额的代表。民族自治地方的人民代表大会常务委员会中应当有实行区域自治的民族的公民担任主任或者副主任。自治区主席、自治州州长、自治县县长由实行区域自治的民族的公民担任。民族自治地方人民政府的其他组成人员，应当合理配备实行区域自治的民族和其他少数民族的人员。自治机关所属工作部门的干部中，应当合理配备实行区域自治的民族和其他少数民族的人员。

◎ 民族自治地方的自治权

民族自治地方的自治机关首先依据《宪法》第三章第五节的规定行使地方国家机关的职权，同时依照《宪法》《民族区域自治法》和其他法律的规定行使自治权。上级国家机关保障民族自治地方的自治机关行使自治权。民族自治地方的自治权包括以下方面。

（一）自主管理本民族、本地区的内部事务的权力

民族自治地方各族人民行使宪法和法律赋予的选举权和被选举权，通过选出人民代表大会代表，组成自治机关，行使管理本民族、本地区内部事务的民主权利。中国 155 个民族自治地方的人民代表大会常务委员会中都有实行区域自治的民族的公民担任主任或者副主任，自治区主席、自治州州长、自治县县长全部由实行区域自治的少数民族公民担任。

今天的西藏农牧民有自主选举村委会主任的自由。图为西藏曲水县曲水乡的村民进行村委会主任选举投票时的情景。

在历届全国人民代表大会的代表中，不仅都有各少数民族的代表行使管理国家事务的权利，而且全国人民代表大会少数民族代表的比例都高于少数民族人口的比例。例如，第十二届、第十三届全国人民代表大会都有少数民族代表 360 名，占代表总数的 12% 左右，高于人口比例约 3.5 个百分点。在 360 名少数民族代表名额中，分配给各省、自治区、直辖市产生的少数民族代表名额 320 名，满足了 55 个少数民族均有代表的要求。同时，人口特少的民族也至少有 1 名代表，人口在百万以上的民族都有全国人民代表大会常务委员会委员。

（二）自主制定自治条例和单行条例的立法权和变通执行权

《民族区域自治法》规定："民族自治地方的人民代表大会除享有一般地方国家权力机关的权力外，还有权依照当地民族的政治、经济和文化的特点，制定自治条例和单行条例"。《中华人民共和国立法法》规定："自治条例和单行条例可以依照当地民族的特点，对法律和行政法规的规定作出变通规定”，“自治条例和单行条例依法对法律、行政法规、地方性法规作变通规定的，在本自治地方适用自治条例和单行条例的规定。”《民族区域自治法》还规定：“上级国家机关的决议、决定、命令和指示，如有不适合民族自治地方实际情况的，自治机关可以报经该上级国家机关批准，变通执行或停止执行。”截至 2016 年底，中国现行有效法律 257 件，其中 80 余件有涉及民族事务的规定，现行有效自治条例 139 件，单行条例 797 件。

（三）自主使用和发展本民族语言文字权

民族自治地方的自治机关在执行公务的时候，依照本民族自治地方自治条例的规定，使用当地通用的一种或者几种语言文字。在同时使用几种通用的语言文字时，可以以实行区域自治的民族的语言文字为主。内蒙古、新疆、西藏等民族自治地方，都制定和实施了使用和发展本民族语言文字的有关规定或实施细则。

2010 年 3 月 13 日，全国政协十一届三次会议在北京闭幕。中央人民广播电台、中国广播网用蒙、藏、维、哈、朝五种少数民族语言进行网络现场直播。

目前，中国有 22 个少数民族使用 28 种本民族文字。在中国，无论在司法、行政、教育等领域，还是在国家政治生活和社会生活中，少数民族语言文字都得到广泛使用。在中国共产党全国代表大会、全国人民代表大会和中国人民政治协商会议等重要会议上都提供蒙古、藏、维吾尔、哈萨克、朝鲜、彝、壮等民族语言文字的文件和同声传译。

（四）宗教信仰自由权

中国少数民族群众大多有宗教信仰，有的民族多数群众信仰某种宗教，如藏族群众信仰藏传佛教，回、维吾尔等民族信仰伊斯兰教。民族自治地方的自治机关根据宪法和法律的规定，尊重和保护少数民族的宗教信仰自由，保障少数民族公民一切合法的正常宗教活动。目前西藏自治区共有 1700 多处藏传佛教活动场所，住寺僧尼约 4.6 万人；僧俗信教群众每年都组织和参加萨噶达瓦节等各种各样的宗教和传统活动，每年到拉萨朝佛敬香的信教群众达百万人次以上。新疆维吾尔

中央政府和西藏自治区政府充分尊重公民的宗教信仰自由权利，各种宗教、各个教派都平等地得到尊重和保护，正常的宗教活动和宗教信仰依法受到保护。图为信教民众围绕布达拉宫转经。

2018年，广西崇左壮族民众表演天琴弹唱，庆祝"壮族三月三"民族节日。

自治区现有宗教活动场所 2.44 万余座，其中伊斯兰教清真寺 2.42 万余座；宗教教职人员 2.9 万余人；信教群众达 1160 万人，占全疆人口的一半以上，其中信仰伊斯兰教的有 1000 多万人。宁夏回族自治区共有清真寺 3500 多座，教职人员 5100 人。各种宗教活动正常进行，少数民族群众的宗教信仰自由得到充分尊重和保障。

（五）自主保持或者改革本民族风俗习惯的权力

民族自治地方的自治机关保障各少数民族都有按照传统风俗习惯生活、进行社会活动的权利和自由，包括尊重少数民族生活习惯，尊重和照顾少数民族的节庆习俗，保障少数民族特殊食品的经营，扶持和保证少数民族特需用品的生产和供应以及尊重少数民族的婚姻、丧葬习俗等。同时，提倡少数民族在衣食住行、婚丧嫁娶各方面奉行科学、文明、健康的新习俗。

（六）自主安排、管理、发展本民族经济建设事业的权力

民族自治地方的自治机关根据法律规定和本地方经济发展的特点，合理调整生产关系和经济结构；在国家宏观指导下，根据本地方的财力、物力和其他具体条件，自主地安排地方基本建设项目，自主地管理隶属于本地方的企业、事业。民族自治地方依照国家规定，可以开展对外经济贸易活动，经国务院批准，可以开辟对外贸易口岸。民族自治地方在对外经济贸易活动中，享受国家的优惠政策。根据国家的国民经济和社会发展的总体规划，各民族自治地方结合实际，都制定了经济社会发展的规划、目标和措施。

民族自治地方的自治机关依法管理和保护本地方的自然资源；根据法律规定和国家的统一规划，对可以由本地方开发的自然资源，优先合理开发利用。

民族自治地方的自治机关有管理地方财政的自治权。凡是依照国家财政体制属于民族自治地方的财政收入，都由民族自治地方的自治机关自主地安排使用。民族自治地方的财政预算支出，按照国家规定，设机动资金，其预备费在预算中所占比例高于一般地区。民族自治地方的自治机关在执行财政预算的过程中，自行安排使用收入的超收和支出的结余资金。同时，民族自治地方的自治机关在执行国家税法的时候，除应由国家统一审批的减免税收项目以外，对属于地方财政收入的某些需要从税收上加以照顾和鼓励的，可以实行减税或者免税。

（七）自主发展本民族的教育、科技、文化等社会事业的权力

民族自治地方的自治机关根据国家的教育方针，依照法律的规定，决定本地方的教育规划，各级各类学校的设置、学制、办学形式、教学内容、教学用语和招生办法。在少数民族牧区和经济困难、居住分散的少数民族山区，设立以寄宿制和助学金为主的公办民族小学和民族中学，保障就读学生完成义务教育阶段的学业。以招收少数民族学生为主的学校（班级）和其他教育机构，有条件的应当采用少数民族

2018 年 9 月 11 日，新疆题材电影《远去的牧歌》在北京首映，讲述了哈萨克族牧民由传统逐水草而居的游牧生活走向定居兴牧现代生活的故事。

文字的课本，并用少数民族语言讲课；根据不同情况从小学低年级或者高年级起开设汉语文课程，推广全国通用的普通话和规范汉字。

民族自治地方的自治机关自主地发展具有民族形式和民族特点的文学、艺术、新闻、出版、广播、电影、电视等民族文化事业，组织、支持有关单位和部门收集、整理、翻译和出版民族历史文化书籍，保护民族地区的名胜古迹、珍贵文物和其他重要历史文化遗产，继承和发展优秀的民族传统文化。

民族自治地方的自治机关自主地决定本地方的科学技术发展规划，普及科学技术知识；自主地决定本地方的医疗卫生事业的发展规划，发展现代医药和民族传统医药；自主地发展体育事业，开展民族传统体育活动。

与此同时，国家对民族自治地方给予大力支持和帮助。《宪法》规定："国家尽一切努力，促进全国各民族的共同繁荣。"《民族区域自治法》进一步把上级国家机关支持、帮助民族自治地方加快发展，明确规定为一项法律义务。为贯彻落实《宪法》和《民族区域自治法》的规定，中国政府采取了一系列政策举措，积极帮助扶持少数民族地区发展经济、文化、科技、教育等的各项事业。

2012年中共十八大以来，中国共产党和中国政府致力于完善民族区域自治制度，帮助自治地方发展经济、改善民生，提出各民族必须同步全面实现小康，打开民族地区与全国一道迈向全面小康的新局面。中国国家主席习近平指出，"全面实现小康，少数民族一个都不能少，一个都不能掉队"，必须发挥好中央、发达地区、民族地区三个积极性，明确基本思路和工作重点。近年来，中国共产党和中国政府不断丰富完善差别化支持政策，把民族八省区都纳入"一带一路"建设并给予

2018年12月24日，十三届全国人大常委会第七次会议举行全体会。中国国务院关于《中华人民共和国国民经济和社会发展第十三个五年规划纲要》实施中期评估报告提请十三届全国人大常委会审议。

重要定位，在"十三五"规划纲要中对"推动民族地区健康发展""推进边疆地区开发开放"单列成节、系统部署，并出台实施《"十三五"促进民族地区和人口较少民族发展规划》《兴边富民行动"十三五"规划》；特别是优化了财政转移支付和对口支援机制，出台实施了《关于进一步加强东西部扶贫协作工作的指导意见》。据统计，"十二五"时期民族区域减少贫困人口 1712 万，减贫率 43.7%；经济总量达 7.47 万亿元，增长 78%；地方公共财政收入达 8886 亿元，翻了一番。

实践证明，当代中国的民族区域自治制度充分体现了历史与现实的统一，民族与区域的统一，政治与经济的统一，制度与法律的统一。一方面，尊重了中国民族格局的历史渊源和文化传统，通过单一制的国家结构形式体现、巩固和发展了国家的统一性；另一方面，又尊重了中国民族结构的多元性，促进了中华民族多元一体格局进一步融合发展，有力地维护了国家统一，极大地巩固了民族团结，积极地促进了各民族共同繁荣发展。

基层群众自治和民主管理制度

基层民主是人民群众在城乡社区治理、基层公共事务和公益事业中直接行使民主权利，依法进行自我管理、自我服务、自我教育、自我监督的主要形式，是社会主义民主政治建设的重要组成部分。中国的基层民主经过长期的实践和探索，已经形成了以村民自治、居民自治为主要内容和形式的基层群众自治制度，以职工代表大会为基本形式的企事业单位民主管理制度。

早在新中国成立之前，中国共产党就领导人民在革命根据地、抗日根据地、解放区建立了民主政权，在局部执政条件下充分动员基层群众参加政权建设。新中国成立后，中国共产党在广大农村、城市、企业进行了多种形式的民主探索。目前，推进基层民主建设已经成为促进社会主义民主政治发展的重要方面。

中国农村基层民主始于新中国成立之初的民主建政。1950 年，中国颁布《乡（行政村）人民政府组织通则》和《乡（行政村）人民代表会议组织通则》，将乡与行政村一并列入基层政权的范畴。随着政权的巩固和经济的恢复与发展，国家政权也作出了相应的调整。根据 1954 年宪法精神，行政村不再是基层政权，乡镇成为农村最基层政权单位。1958 年之后，中国农村普遍实行人民公社制度。1978 年底之后，中国一些地方农民自发地创造了自我管理的村民自治形式，当时称为"村管会"，后改称为"村民委员会"。1982 年宪法首次确认"村民委员会是基层群众性自治组织"。1987 年全国人大常委会通过的《中华人民共和国村民委员会组织法（试行）》，是第一部对村民自治制度作出明确规范的全国性法律。1998 年，在充分总结各省市村民自治制度实践经验的基础上，第九届全国人大常委会第五次会议通过修改后的《中华人民共和国村民委员会组织法》。2010 年，中国颁布经修订的村民委员会组织法，在完善选举制度、规范民主管理、强化民主监督方面都

2014 年 12 月 9 日，参加第八届村民委员会选举的河南省商丘市民权县王桥镇底西村村民在投票。

2017年7月13日，在安徽省合肥市杏花村街道一企业工会举行的职工代表大会上，优秀工会积极分子展示自己的荣誉证书。

作出了更加细致化的规定，进一步推动村民自治制度的发展。

中国城市基层民主始于居民委员会的设立。1950年，中国天津市建立的居委会带有一定的政权组织性质。1951年，上海市人民政府召开街道居民代表大会，将2000多个具有自治性质的联防服务队改为居民委员会，明确了居委会的性质是群众自治组织。1954年，第一届全国人大常委会第四次会议制定并通过《城市居民委员会组织条例》，规定居民委员会是群众自治性的居民组织，为城市群众自治的发展奠定了坚实的法律基础。1980年后，中国重新公布《城市居民委员会组织条例》，恢复一度被废弃的城市基层群众自治制。1989年，中国第七届全国人大常委会第十一次会议通过《中华人民共和国城市居民委员会组织法》，进一步明确了居民自治的各项内容。随着中国改革开放的逐步深入，"社区"的概念也日益与居民自治紧密联系起来。1999年，国家民政部在26个城市的部分辖区开展了社区建设的试点工作。同年，国家民政部制定《全国社区建设实验区工作实施方案》，提出改革城市基层管理体制，推动城市社区居民自治制度的发展。

中国企业事业单位的民主管理制度始于新中国成立之初国营企业普遍建立的工厂管理委员会和职工代表会议制度。1957 年，中国共产党和中国政府提出，要把企业中的职工代表会议改为常任制的职工代表大会制度，作为职工群众参加企业管理和监督行政的权力机关。此后不久，全国各地建立了一批职工代表大会。中国改革开放后，职工代表大会制度重新获得发展。1981 年，中共中央、国务院批准颁布《国营企业职工代表大会暂行条例》，这是新中国第一个关于职工代表大会制度的专门性法规。中国的 1982 年宪法规定，国有企业依照法律规定，通过职工代表大会和其他形式，实行民主管理。这是中国的职工代表大会制度首次写入宪法。1986 年，国务院正式颁布《全民所有制工业企业职工代表大会条例》，对职工代表大会的性质、地位、职权及其与工会的关系作了明确的规定。

实践充分证明，中国的基层民主是当代中国广大工人、农民、知识分子和社会各阶层人士在城乡基层政权机关、企事业单位和基层自治组织中依法直接行使的民主权利，包括政治、经济、文化、教育等各领域的民主权利，渗透到社会生活各个方面，具有全体公民广泛和直接参与的特点。它不仅是一种基层自治和民主管理制度，而且作为民主政治制度的具体化，是中国特色社会主义民主广泛而深刻的实践。

发展基层民主，符合中国的国情和国家性质。在中国，人民依法直接行使民主权利，管理基层公共事务和公益事业，实行自我管理、自我服务、自我教育、自我监督，同时对各级干部特别是基层干部实行民主监督，是人民当家做主最有效、最广泛的途径，是发展社会主义民主政治的基础。另一方面，发展基层民主，有利于提高全民的民主素养，提高民众的法律意识，为社会主义民主进一步发展完善创造条件。

当代中国基层自治和民主管理制度是中国特色社会主义民主政治

在基层最广大民众中的实践，体现出直接民主的特征。最突出的表现形式是基层自治和直接选举。目前，农村、城市社区与企事业单位已经成为社会主义民主政治在基层实践的三大组织载体，以农村村民自治、城市居民自治和企事业单位职工代表大会制度"三马并行"的基层自治和民主管理制度已经形成，成为中国特色社会主义民主政治制度的基础工程。

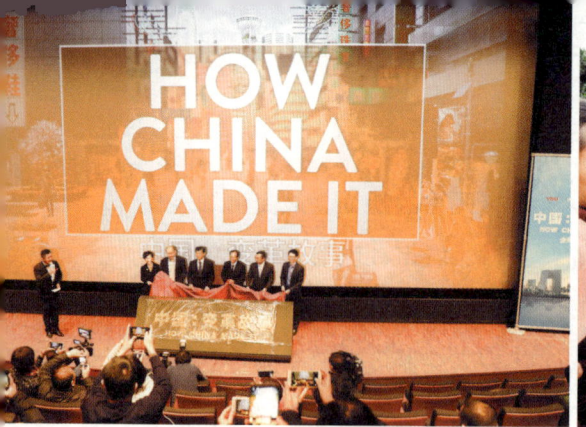

第二章 领导体制与权力运行机制

在人类政治文明发展历程中，从来就没有所谓绝对"最好""最佳"或"最优"的制度模式，也没有一成不变的制度模式，更没有定于一尊的制度模式。在现实世界中，只有"最适合""最适应"本国实际的制度和模式，并且它们也在不断调整、不断适应、不断变化。仔细研究世界各国政治制度，不难发现这样一个事实：一个国家采取什么样的领导体制和权力运行机制，不仅取决于本国的国家性质，而且还要充分体现本国国情和历史。当代中国领导体制和权力运行机制是在中国革命、建设与改革过程中逐步形成的，它既带有浓厚的中央集权色彩，又包含着相互间的权力制约和监督的成分。

集体领导与分工负责制

在政治学上，集体领导是相对于独裁体制而言的一种领导方式，是现代政治文明的充分体现。当代中国，中央最高层面实行由多人组成的中央政治局常委会及其集体领导机制。这种机制概括起来主要包括两层含义：一方面，凡属重大的问题，如涉及路线、方针、政策的大事，重大任务的部署，重要干部的任免，群众关注的重要问题等，必须由领导集体讨论决定，实行少数服从多数的原则；另一方面，中央政治局常委会成员之间，必须根据集体决定，进行必要的分工，并各自履行自己分管领域的职责。这种体制具有很大的优越性。

集体领导与分工负责制，最早可以追溯到中国共产党从事革命活动时期，其正式确立，是在新中国成立之后。在 1956 年中共第八次全国代表大会上，毛泽东建议中央政治局常委由主席、副主席和总书记组成。考虑到政权的稳定性，毛泽东还提出了在集体领导中实行梯队设置，安排年富力强的邓小平、陈云进政治局常委，当时他们两人分别是 52 岁和 51 岁，此后又补选了更年轻的林彪为常委。中国共产党正式组成由毛泽东、刘少奇、周恩来、朱德、陈云、邓小平和林彪等七人组成的中央政治局常委会。这七位常委分别代表党政军五大机构——中共中央、全国人大、国务院、全国政协和中央军委，各自分工与负责，毛泽东作为党中央主席负责领导全面工作。

从主观愿望上来说，中国共产党是想通过这种集体领导体制来防止个人大权独揽，以促进社会主义民主政治和国家的稳定发展。遗憾的是，由于毛泽东个人威望太高，再加上中国民主政治制度不够成熟，以及中国共产党执政经验不足，一段时期中央集体领导和分工负责制遭到严重破坏，由此也对中国社会经济发展带来不利影响。

1978 年改革开放后，中国共产党恢复并完善了中央集体领导和分工负责制。1980 年 2 月，中共十一届五中全会正式恢复了中共八大制定的集体领导制度，再次形成中共中央书记处、中共中央政治局以及中共中央政治局常委会三个层次的领导体制。其中，第一层次是中国共产党中央政治局常务委员会，由中国共产党中央委员会全体会议选举产生，任期与中国共产党中央委员会一致。按照《中国共产党党章》规定，中央政治局常务委员会在中央委员会全体会议闭会期间行使中央委员会的职权，在中央政治局会议闭幕期间行使其职权。其成员（委员）简称"中共中央政治局常委"，是中国共产党中央领导集体的重要成员，也是中华人民共和国和中国共产党的重要领导人，分别主管和负责不同方面的工作。在中共历史上，中央政治局常委一般由五人、

2017 年 10 月 25 日，在中共十九届一中全会上当选的中共中央总书记习近平和中央政治局常委李克强、栗战书、汪洋、王沪宁、赵乐际、韩正在北京人民大会堂同中外记者见面。

七人或九人等单数组成，以便于重大事情表决时实行少数服从多数原则。第二层次是中国共产党中央政治局，由中共中央委员会全体会议选举产生，在中央委员会全体会议闭会期间行使中央委员会的职权。中共中央政治局的成员称中央政治局委员或政治局委员，是党和国家的高级领导人，在实际政治生活中行使着党和国家最重大事务的决策权。第三层次是中央书记处，是中央政治局和它的常务委员会的办事机构。中央书记处成员由中央政治局常务委员会提名，中央委员会全体会议通过。中央书记处的工作由中央委员会总书记主持。中央书记处设书记若干人，实行集体领导和个人分工负责的制度。

中国共产党通过恢复和设立中共中央书记处、中共中央政治局以及中共中央政治局常委会，重新建立起集体领导和分工负责体制。一方面，《中国共产党党章》规定，中共中央只设总书记，不再设主席，同时特别规定总书记只是政治局常委会成员之一，负责召集政治局常委会与政治局会议，主持中央书记处工作。另一方面，中央政治局常委分别代表党中央、全国人民代表大会、国务院、全国人民政治协商会议、中央军委、中央纪委，既集体决策又各负其责。由此可见，具有中国特色的"集体领导和分工负责制"已经更加制度化、规范化和程序化。

中国特色集体领导和分工负责制，突出强调"集体"的重要性。那么，这种集体领导和分工负责在实际工作中又是如何运行的呢？在当代中国，从中央层面来看，集体领导与分工负责制主要通过集体分工协作机制、集体交接班机制、集体学习机制、集体调研机制和集体决策机制等五种机制来具体运行，高效率地解决各种错综复杂的国际国内及党内重大问题。

第一个机制，集体分工协作机制。它是指中央政治局常委会成员从中国共产党总揽全局、协调各方的领导核心作用出发，既分别代表不同机构、分管不同工作，同时又协调合力进行重大决策的运行机制。

第二个机制，集体交接班机制。它是指把党和国家的领导权力从上届领导集体手中平稳交接到下届领导集体手中的制度性安排。这种制度性安排抛弃了以往个人指定接班人、把最高权力从个人移交给个人的封建式做法，以权力风险的分散化和权力交接的制度化为核心，要求党的干部一般应走完担任省区市委书记以获得锻炼提高、为在任领导集体成员担任助手以进一步培养考察两个台阶，才有可能进入新一届中央领导集体。

第三个机制，集体学习机制。它是指中央政治局常委会定期邀请国家智库成员（主要来自专业科研机构、高等院校、国家机关下设的研究机构及专业委员会），围绕国民经济与社会发展重要领域、重大问题，向中央政治局常委会全体成员作专题授课的工作机制。

第四个机制，集体调研机制。它是指中央政治局常委会全体成员为了解实际情况而亲身深入全国各地基层，进行实地查看或邀请了解实际情况的人进行座谈的工作机制。

第五个机制，集体决策机制。它是指党中央领导集体在重大问题上坚持集体讨论、集体决策，按照"集体领导、民主集中、个别酝酿、会议决定"的决策原则，完善重大决策规则程序，坚持严格按照决策规则和程序进行决策的工作机制。

应该说，中国特色的"集体领导与分工负责制"，既能防止权力过于集中在一人之手，又不至于在执行环节彼此相互扯皮。实践也表明，这种机制比较适合于中国的特殊国情和文化背景，适合于中国所处的发展阶段和社会条件，也比较有利于化解来自国内外的各种考验和挑战。中国改革开放 40 年创造的发展奇迹，用事实充分地证明了这一点。

客观地说，中国特色政治运行机制与西方三权分立、联邦制相比，确实具有更大的灵活性和较高的运行效率。这是当代中国政治权力运行机制最大的特点之一，也是最大的优势之一。现如今，这一制度已

2018 年 12 月 14 日，献礼改革开放 40 周年的 3 集中外合拍纪录片《中国：变革故事》在国家博物馆举行全球首发仪式。

载入《中国共产党党章》中，不仅在党的各级委员会中得以运用，而且在各级人民代表大会、政府系统、政治协商机关、群众团体中也加以推行，从而确保中国共产党及其领导下的国家各项事业平稳、高效发展。

行政层级与职权划分

当今世界，大多数国家都设立有若干个地方行政层级，以保证国家行政管理的稳定性、有序性和效能性。不过，一个国家采取什么样的行政层级设置，主要取决于其历史文化传统、国土面积大小、人口数量和密度，以及国家结构形式、经济社会体制等。中国是一个有着悠久历史文化传统、国土面积广阔、人口数量庞大而又分布不均的发展中大国。1949 年新中国成立后，中国共产党和中央人民政府根据本国国情设置了适合自己的行政管理体制，并随着时代的发展而作了相应的调整和完善。

新中国成立之初，中国曾在中央与省之间增设了大行政区建制，推行大区 – 省 – 县 – 乡四级管理制。当时，中国设立有东北、华北、西北、华东、中南、西南六个大行政区，它们为最高一级地方政府，每个大行政区分辖若干个省、自治区或直辖市。1954 年 6 月，中央通过《关于撤销大区一级行政机构和若干省市建制的决定》，并于当年撤销了六个大行政区行政委员会，同时，扩大了省级建制的统辖地域，将除北京、上海、天津外的其他 11 个直辖市改为省辖市。此后，中国地方行政建制经历了多次调整，但行政层级中的省 – 县 – 乡基本格局没有太大变化。

1979 年以后，在省与县之间设置的准行政层次改称为地区行政公署。1982 年，中共中央提出，在经济发达地区将省辖中等城市周围的

1981 年春，中共许昌地委、许昌地区行政公署召开"两户一体"（专业户、重点户和经济联合体）表彰大会。

地委、行署与市委、市政府合并，由市管县、管企业。1983年2月，中共中央、国务院发出了《关于地市州党政机关机构改革的若干问题的通知》，指出以经济发达的城市为中心，以广大农村为基础逐步实行市领导县体制。此后，各省纷纷开始试点"市管县"体制，一些尚不具备条件的地方也在争取"撤地设市"。针对这种情况，国务院于1986年和1993年先后两次调整和提高了设立地级市的标准。截至2003年10月，中国共有地级市277个。除内蒙古（5个）、黑龙江（1个）、贵州（2个）、云南（2个）、西藏（6个）、甘肃（1个）、青海（1个）、宁夏（1个）、新疆（7个）仍设有25个地区（盟）外，其他省和自治区都撤销了地区行署，取而代之以地级市政府。截至2018年9月，中国大陆共有地级行政区334个，其中294个为地级市。

1997年7月1日，中国政府对香港恢复行使主权，设立香港特别行政区。1999年12月20日，中国政府对澳门恢复行使主权，设立澳门特别行政区。在中国，特别行政区是国家中的一个行政单位，而不

1997年7月1日零时，中英两国政府在香港会议展览中心举行政权交接仪式，中国政府对香港恢复行使主权。

1999 年 12 月 20 日零时，中葡两国政府在澳门文化中心举行政权交接仪式，中国政府对澳门恢复行使主权。

是一个独立的政治实体，也不是联邦制国家中的成员国。它和其他行政区一样，与中央人民政府之间存在从属关系，中央人民政府领导特别行政区，特别行政区服从和接受中央人民政府的管理。特别行政区政府是地方政府。作为一个地方行政单位，不能行使国家主权，特别行政区的一切权力是中央人民政府授予的。与其他地方行政单位不同的是，香港、澳门特别行政区可以保留原来的制度，享有很高的自治权。特别行政区的建立和一国两制的实施，构成了中国单一制的一大特色。现在，中国共有 34 个省级行政区，包括 23 个省、4 个直辖市、5 个自治区、2 个特别行政区。

当前，中国的地方行政层级设置存在着两级制、三级制和四级制三种形式。其中，两级制只存在于直辖市的城区，实行直辖市－市辖区两级制，市辖区是基层地方政府。三级制主要有四种情况，直辖市－县（郊区）－乡（镇），省（自治区）－设区的市－市辖区，省（自治区）－

县（自治县，县级市）–乡（镇），省（自治区）–自治州–县级市。四级制主要有两种情况：省（自治区）–设区的市–县（自治县、郊区、县级市）–乡（民族乡、镇），省（自治区）–自治州–县（自治县、县级市）–乡（民族乡、镇）。在上述三大类行政层级中，四级制属于具有主导性地位的普遍形式。此外，在现行地方行政管理体制下，市辖区、县级市之下设有街道办事处作为派出机关，少数省（自治区）在县之上设有地区（盟）作为派出机关，这些派出机关具有准行政层级地位，它们在事实上承担着一级政府的管理职能。

中国是一个典型的中央集权与地方分权相结合的国家，中央政府处于最高层级，省级政府处其次，市县依次排列，下一级政府归属于上一级别政府管理。依据这种制度安排，中国宪法和法律对不同层级政府性质、地位和职权作了专门规定。

按照宪法规定，中华人民共和国国务院，即中央人民政府，是最高国家权力机关的执行机关，是最高国家行政机关。国务院的任期与全国人大任期相同，即每届为五年。宪法还同时规定，总理、副总理、国务委员连续任职不得超过两届。其职权大致有七个方面。（1）行政法规的制定和发布权。国务院有权根据宪法和法律制定有关行政机关的活动准则、行政权限以及行政工作制度和各种行政管理制度等方面的规范性文件。（2）行政措施的规定权。国务院在行政管理中认为需要的时候，或者为了执行法律和执行最高国家权力机关的决议，有权采取各种具体办法和实施手段。（3）提出议案权。国务院提出有关的法律草案以及国民经济和社会发展计划，报告计划的执行情况，报告国家的预算和预算的执行情况，等等，经最高国家权力机关审议批准，使之变成指导社会生活和经济建设的法律性文件。（4）对所属部、委和地方各级行政机关的领导权及监督权。国务院有权对地方各级国家行政机关发布指示、规定任务，进行行政领导和监督；有权改变地方各级行政机关所发布的不适当的决定、命令和规章；有权确定其所属各部、各委员会等中央国家行政机关的工作内容、工作制度、工作任务和所担负的职能与责任；有权改变或者撤销各部、各委员会发布的不适当的决定和命令。国务院所属各部委和地方各级行政机关必须接受国务院的统一领导和监督。（5）对国防、民政、文教、经济等各项工作的领导权和管理权；对外事务的管理权。（6）行政人员的任免、奖惩权。国务院有权依照宪法、国务院组织法、地方各级人民代表大会和地方各级人民政府组织法以及国家机关工作人员奖惩条例等有关法律，任免国家行政机关的领导人员等。（7）最高国家权力机关授予的其他职权。

　　根据中国宪法规定，地方各级人民政府是地方各级国家权力机关的执行机关，是地方各级国家行政机关。地方各级人民政府从属于本级国家权力机关，由国家权力机关产生，向它负责，受它监督。此外，地方各级人民政府还要服从上级人民政府的领导，向上一级人民政府负责和报告工作，执行上级行政机关的决定和命令。地方各级人民政

2018年9月26日上午，生态环境部就自然保护区问题约谈部分地方政府主要负责人。

府都要接受国务院（中央政府）的领导。地方各级人民政府每届任期与本级人民代表大会的任期相同，均为五年。

按照中国宪法和法律的规定，地方各级（省、市、县、乡）人民政府主要享有四项职权。（1）执行决议、发布决定和命令。地方各级人民政府要执行本级人大及其常委会的决议，执行上级人民政府的决定和命令。县级以上地方各级人民政府可以规定行政措施，发布决定和命令，省、自治区、直辖市以及省、自治区的人民政府所在地的市和经国务院批准的较大的市的人民政府还可以根据法律和行政法规制定规章。（2）领导和监督权。县级以上地方各级人民政府领导所属各工作部门和下级人民政府的工作，有权撤销所属工作部门和下级人民政府不适当的命令、指示、决定，任免、考核行政工作人员。（3）管理各项行政工作。地方各级人民政府管理本行政区域内的经济、教育、文化、科学、体育、卫生、民政、公安等行政工作，完成上级人民政府交办的事项；县级以上地方各级人民政府还负责城乡建设、民族事务和监察工作，执行国民经济和社会发展计划以及预算方案。（4）依法保障各方面的权利。地方各级人民政府应保护全民所有制财产、劳动群众集体所有制财产及公民个人的合法财产；要维护社会秩序，保护公民的人身权利和民主权利；保护妇女、儿童和老人的正当权益；保护少数民族的权利，帮助少数民族发展经济、文化和科学技术。要使本行政区域内全体公民的正当权利都得到保障，经济不断发展，人民生活不断提高。

从行政层级和职权划分来看，中国是一个典型的单一制社会主义国家。实践证明，这种体制具有一定的优势。一是能够统一规划、全面协调、有序推进中国的发展，或者说"一张蓝图绘到底"。在中国这样一个总体底子薄、地区城乡发展不平衡的大国，更需全国一盘棋，进行科学设计、统筹规划、掌握层次、分清主次、持续贯彻。二是能够调动各方面积极因素，集中力量办大事。这对发展中国家尤为重要。

2018 年 11 月 14 日，第二届中拉地方政府合作论坛在湖北武汉召开。来自阿根廷、智利等 14 个国家的近 60 名外方代表，与中方嘉宾分别就地方城市发展和城市管理经验、友好城市（省州）合作项目进行交流、推介。

中国许多重大事项和发展项目，都是凭借体制优势实现的。在面对严重的自然灾难时，这种体制能够组织全国力量，调动各种因素，及时有效应对，最大限度减少灾害，战胜一切困难。事实证明，中国 40 年来的经济社会持续快速稳定发展，就是依赖于这一体制优势而实现的。

决策与执行运行机制

决策机制与执行机制，是现代国家管理中两个互相关联的重要制度。它们的运行是否顺畅，直接关系到国家管理的效率，甚至影响到整个国家的发展状况。由于政治体制和文化的差异，各国的决策机制与执行机制或多或少存在着一定的差别。中国共产党和中国政府在长期实践中，探索建立起一套符合中国国情的决策机制和执行机制，有效地实行对国家各种事务的管理。

中国共产党及其领导下的政府一向高度重视决策。近年来，中国提出了决策的三个基本原则，即科学决策、民主决策、依法决策。科学决策是指决策者为了实现某种特定的目标，运用科学的理论和方法，系统地分析主客观条件以作出正确决策的过程。民主决策是指决策主体为了实现某种特定的目标，通过预定的程序、规则和方式，确保决策能广泛吸取各方意见、集中各方智慧、符合本地区实际、反映事物发展规律的制度设计和程序安排。依法决策是指通过宪法、法律和法规来规范和约束决策主体、决策行为、决策程序，实现决策于法有据，决策行为依法进行，决策违法依法追究责任。可以说，这三个原则既是决策主体必须遵循的规则，又是保证决策科学合理并被大多数人接受的重要条件。这些原则已写入党和政府的重要文件和有关条例中，已经成为中国共产党和中国政府治国理政的基本理念，得到大多数中国人的认同。

为了使上述原则能够在实践中得以推行，中国共产党和政府设计

2018 年 3 月 7 日，中共中央总书记、国家主席、中央军委主席习近平参加十三届全国人大一次会议广东代表团的审议。

了一套严密的决策运行程序和制度，用来规范决策者的决策行为。这套决策运行制度主要包括：集体决策制度、民主协商制度、专家咨询制度、社会听证和公示制度、社情民意反映制度、决策责任追究制度等。

——集体决策制度。正如前文所述，中国从中央到地方实行的是集体领导体制。为了监督决策权力的行使，防止个人独断专行，中国专门设计了集体决策制度。在中共党内，相关法规规定，凡属重大问题，如党的路线方针政策、重大人事调整、国计民生问题等，都必须按照"集体领导、民主集中、个别酝酿、会议决定"的原则来办。也就是说，一切重大事项，不能由某个人单独决定，而是集体讨论决策。在政府内部，根据《宪法》《国务院组织法》《地方各级人民代表大会和地方各级人民政府组织法》的规定，凡是重大事项的决定，必须经过政府常务会议或部门领导班子会议集体讨论决定。重大决策由国务院作出的，提交国务院常务会议或者国务院全体会议讨论；重大决策由国务院部门作出的，提交部务会议或者委员会会议、委务会议讨论；重大决策由地方各级人民政府作出的，提交政府常务会议或者全体会议讨论。由于各级政府实行行政首长负责制，最终决策由行政首长在集体审议的基础上作出。行政首长一般情况下应当尊重集体多数成员的意见，根据多数人的意见作出决定。行政首长如果没有采纳多数人的意见作出最终决策的，应当向领导班子其他成员说明理由。

——民主协商制度。中共中央在作出重大决策之前，一般都邀请民主党派主要领导人和无党派代表人士召开民主协商会、小范围谈心会、座谈会，通报情况，听取意见，共商国是。除会议协商外，民主党派中央可向中共中央提出书面建议。协商的主要内容包括：中国共产党全国代表大会、中共中央委员会的重要文件；宪法和重要法律的修改建议；国家领导人的建议人选；关于推进改革开放的重要决定；国民经济和社会发展的中长期规划；关系国家全局的一些重大问题；通报重要文件和重要情况并听取意见，以及其他需要同民主党派协商

2017 年 7 月 17 日，由中国新闻社主办的"国是论坛"在北京举行"2017 上半年经济形势分析会"。

的重要问题等。除此之外，中国共产党还通过各种形式，听取全国人大代表、工青妇等群众团体以及社会各界人士的建言献策，鼓励他们参与重大决策。

　　——专家咨询制度。专家咨询制度在中国有着悠久的历史，古代的门客幕僚制度便是它的最初雏形。近年来，中国依托现代决策科学，建立了起具有中国特色的专家咨询制度。在当代中国，社会咨询机构还不够发达，党和政府在重大决策前，更多地依托高等院校、科研院所的研究力量，广泛听取相关领域专家意见，发挥其参谋咨询作用。近些年来，中共中央政治局坚持集体学习制度，就有关党和国家发展的重大问题，邀请知名专家开设讲座，听取专家的意见，广泛掌握决策信息，提高决策水平。同时，国务院多次修订工作规则，把实行科学民主决策作为政府工作的一项基本准则。国务院每季度都要召开经济形势分析会，对事关经济社会发展全局的重大战略问题，如国民经济发展规划、国家中长期科技规划、能源资源安全、公共卫生、突发事件应急管理等，组织专家学者和有关研究咨询机构论证评估。随着现代管理咨询意识的增强，中国一些地方政府也开始充分利用专设的研究机构，甚至向社会或海外公开招聘专家来充实决策咨询队伍。以上海为例，该市不仅专门成立了上海市决策咨询委员会，而且大多数市政部门聘请高层次海外专家为顾问，借"外脑"来充实"智库"，为上海发展献计献策。

——社会听证和公示制度。公众参与是民主决策的体现，也是公正决策的基本要求，体现了决策的公正性，能够增强决策的认同度，减少决策执行环节的阻力和障碍。公众参与决策的制度形式为决策听证和公示制度。1999年，中国全国人民代表大会在颁发《价格法》时，首次提出建立价格决策听证制度。2002年，中国举行了首次国家级价格听证会，即旅客列车实行政府指导价方案听证会。听证会上，消费者代表、专家学者代表、人民代表大会代表对方案的合理性、可行性和公平性提出质询，发表自己的意见。听证会结束后，听证机关根据代表意见对调价方案进行了修改和完善，充分照顾了低收入阶层的利益，硬座票价的涨幅比最初的方案下调了50%。此后不久，中国政府作出规定，公众参与是任何重大决策作出前的必经程序。也就是说，决策机关在作出重大决策前，必须广泛听取、充分吸收各方面意见，对意见采纳情况及其理由要以适当形式反馈或者公布。自此以后，决策听证制已经扩展至城乡规划、环境影响评价、行政许可立法等多个领域。在中国，一次听证会的举行，通常由举行的机关部门事先通知，并常邀请媒体等参与以确保听证会的公正。参与听证会的人员主要包括主持人、申请人、证人等。其中申请人和主持人一般不重复，申请人是举办听证会的主要部门；证人常由公民代表组成，有时也有媒体参与。

公众参与决策的另一种制度形式是公示制度。为了确保公众的参与权、知情权，中国党和政府提出按照"公平、公正、公开"原则，

2014 年 12 月 9 日，安徽阜阳市举行城区客运出租车运价调整听证会，由消费者、经营者、人大代表、政协委员、专家学者以及来自政府部门和社会组织的 25 名代表参加。

对直接涉及群众切身利益的重大决策实行社会公示制度。公示的形式可以多种多样，如新闻媒体、相关会议、文件通报、单位政务公开栏和有关行政村、基层站所公告栏等。

　　——社情民意反映制度。深入了解民情，充分反映民意，是决策成功的关键。中国改革开放进程中一系列决策之所以成功，原因之一就是决策者掌握了真实客观的社情民意和人民群众关心关注的问题。为了改革和完善决策机制，近年来，中国党和政府建立起社情民意反映制度。在实践中，这种下情上传的制度渠道和形式很多，譬如调查研究、视察、专家咨询、决策草案的公示、信访、听证、论证、政府部门设监督员，等等。值得一提的是，在当代中国，制度性的创新还在发展，公众在网上评议政府工作就是最近的例子。这些渠道把人民群众的呼声、意见、要求和期望带到决策机关，在很大程度上促使决策更加科学、准确，同时，也促使公权力的运作更加透明与规范。在当代中国，各级人民代表大会代表在反映民意、集中民智方面，也发挥了很重要的作用。每年一度的各级人民代表大会召开之前，人民代表都会深入各自所代表的选区，会见选民，了解和听取他们的意见和建议。在收集选民意见基础上，人民代表会将这些意见加以整理汇总，并提交议案供决策者决策参考。同时，人民代表还有义务催促、监督政府有关部门解决选民提出的实际问题。

——决策评估与责任追究制。长期以来，中国政府比较重视决策前的调研、讨论、论证，但对决策执行效果的跟踪反馈和决策失误责任追究重视不够。近年来，随着政府风险和责任意识的增强，中国开始探索建立决策评估和责任追究机制。2010年，国务院向下级政府部门发文，把决策评估作为决策必经的一道程序。凡是有关经济社会发展和人民群众切身利益的重大政策、重大项目等决策事项，各级政府部门都要进行合法性、合理性、可行性和可控性评估，重点是进行社

2018年3月16日，十三届全国人大一次会议秘书处议案组介绍，到大会主席团决定的代表提出议案截止时间，大会秘书处议案组共收到代表议案325件。图为议案组工作现场。

会稳定、环境、经济等方面的风险评估。决策风险评估的办法是，建立由部门论证、专家咨询、公众参与、专业机构测评相结合的风险评估工作机制，通过舆情跟踪、抽样调查、重点走访、会议讨论等方式，对决策可能引发的各种风险进行科学预测、综合研判，确定风险等级并制定相应的化解处置预案。同时，在重大决策执行过程中，决策者必须跟踪决策的实施情况，通过多种途径了解利益相关方和社会公众对决策实施的意见和建议，全面评估决策执行效果，并根据评估结果决定是否对决策予以调整或者停止执行。对违反决策规定、出现重大决策失误、造成重大损失的，按照谁决策、谁负责的原则，对决策失误者进行追责，如经济赔偿、辞职等。2014年中共十八届四中全会提出，要探索建立重大决策终身责任追究制度，要追究因在决策中严重失误而造成重大损失或恶劣影响的行政首长和相关责任人的法律责任。中国政府通过这种制度安排，有效地加强了对决策权力的制约和控制，明确决策者的权力和责任。

在设立决策程序和机制的同时，中国共产党和政府也设计了一套比较严格的决策执行与运行机制，以便使决策能够高效率地实施。第一步，决策机关（决策者）在对重大事项作出决议后，根据集体领导和分工负责的原则，决策执行者按照自己的分工，负责组织实施。第二步，如果实施过程中遇到不同执行者分工交叉的情况，由执行机关确定一名具体负责人牵头组织实施，以避免彼此推诿。第三步，在明确各自责任的前提下，决策实施者会同有关责任部门研究制定执行计划和时间表，把任务细分到每个人头，做到人人有责。第四步，集体讨论形成的决策，任何个人在实施过程中无权改变，个人和少数人有不同意见的允许保留，也可按组织程序向上级反映，但在领导集体作出新的决策之前，应当无条件执行。第五步，如果在执行过程中情况发生变化，需要对集体决策进行改变或修改的，必须经领导集体复议，再作出新的决定。新的决定一旦作出，决策实施者（执行者）必须按新的决定执行。第六步，在决策实施过程中，由各级决策机关内设的监督办公室，负责对决策执行情况进行检查和督促。

实践证明，严密的、高度制度化的决策程序和执行程序，一方面有力地推动中国决策的科学化与民主化进程，另一方面大大提高了中国国家治理效率和权力运行效率。中国改革开放 40 年来取得的巨大成就，与这套科学、高效的决策与执行机制有着密不可分的关系。当然，也必须承认，当前中国的决策权、执行权、监督权配置还不够合理，某些方面权力过于集中且缺乏有效监督，执行不力的问题也时有发生。中国共产党和政府已经意识到这些问题的存在，并在实践中开始对决策权、执行权、监督权的配置进行探索和完善。

权力制约和监督机制

改革开放以来，中国对权力结构和运行机制进行了重大调整，并按照结构合理、配置科学、程序严密、制约有效的原则，逐步建立起

2015 年 1 月 21 日，山西太原举办"中国共产党反腐倡廉历程展"，吸引了该市机关单位公务员前来参观。

决策权、执行权、监督权既相互制约又相互协调的权力结构和运行机制。同时，中国还非常重视在实践中推进权力运行程序化和公开透明，加强对权力的制约和监督。当前，中国已形成了由中国共产党党内监督、人大监督、政府内部监督、政协民主监督、司法监督、公民监督和舆论监督组成的具有中国特色的监督体系。各监督主体既相对独立，又密切配合，形成了整体合力。

中国共产党党内监督是党的各级组织和广大党员依据党章和其他党内法规以及国家法律，重点对党的各级领导机关和领导干部特别是各级领导班子主要负责人进行的监督。2016 年 10 月，中国共产党第十八届中央委员会第六次全体会议审议通过《中国共产党党内监督条例》，探索加强党内监督的措施和办法，进一步完善对重要情况通报和报告、述职述廉、信访处理、巡视、谈话和诫勉、罢免或撤换要求及处理等制度。其中，巡视是近年来采用较多的方式。中共中央和省级党委都建立巡视机构，对下级党组织领导班子及其成员贯彻执行党的路线方针政策和决议、决定，执行党风廉政建设责任制和自身廉政勤政等情况进行巡视监督。党的纪律检查机关对派驻机构实行统一管理，加强对驻在部门领导班子特别是主要领导干部的监督。中共大力发展党内民主，为加强党内监督创造有利条件；健全和完善党的代表大会制度，发挥党的委员会全体会议对重大问题的决策作用，推行和完善党委常委会向全委会定期报告工作并接受监督制度；改革和完善党内选举制度，规定差额推荐和差额选举的范围和比例，逐步扩大基层党组织领导班子成员直接选举范围。《中国共产党党员权利保障条例》明确了党员行使权利的程序和参与党内监督的各项权利。

人大监督是国家权力机关代表国家和人民对国家行政机关、司法机关和国家法律实施情况进行的监督。人民代表大会行使法律赋予的各种监督职权，通过询问、质询、执法检查、听取和审议有关部门工作报告以及预算审查等手段，加强对监察委员会、政府、法院、检察院及其工作人员的监督，促进依法行政、公正司法，预防和制止各种腐败现象。

政府内部监督包括层级监督和监察、审计等专门机关的监督。各级政府、政府各部门的上级对下级、政府对部门、行政首长对工作人员的行政行为进行层级监督。监察机关全面履行法定职责，开展执法监察、廉政监察和效能监察，依法对监察对象行使职权、履行职责、勤政廉政等情况实施监督。审计机关依法对政府的预算执行情况和决算以及其他财政财务收支情况进行监督。这些监督形式对于规范行政执法、促进依法行政、建设法治政府，发挥了重要作用。

政协民主监督是具有中国特色的监督形式。中国人民政治协商会议是中国共产党领导的多党合作和政治协商的重要机构。政协主要通过召开会议、提交提案、组织委员视察、开展民主评议等形式，对宪法和法律法规的实施、重大方针政策的贯彻执行、国家机关和国家工作人员履行职责和遵纪守法等方面的情况进行监督。中国共产党各级委员会和中国各级人民政府在作出重大决策、出台重要规定前，都要征求同级人民政协和各民主党派的意见和建议。

监察委监督是对所有公职人员的监督。2018 年 3 月，中国设立国家监察委员会，其主要任务是维护党的章程和其他党内法规，检查党的路线方针政策和决议执行情况，对党员领导干部行使权力进行监督；维护宪法法律，对公职人员依法履职、秉公用权、廉洁从政以及道德操守情况进行监督检查，对涉嫌职务违法和职务犯罪的行为进行调查并作出政务处分决定，对履行职责不力、失职失责的领导人员进行问责。

司法监督包括人民法院的监督和人民检察院的监督。人民法院的监督是指上级法院对下级法院、最高人民法院对全国法院审判工作是否合法、公正的监督。人民法院还通过审理行政案件，对政府具体行政行为的合法性进行审查。人民检察院的监督，包括依法对诉讼活动

2019年1月3日，中国国务院新闻办举行新闻发布会，介绍最高人民检察院改革内设机构、全面履行法律监督职能有关情况，并答记者问。

的法律监督和对国家工作人员职务犯罪行为的监督。人民检察院通过对立案、侦查、审判、刑罚执行和监管活动的监督，实施对诉讼活动全过程的监督；通过查办贪污贿赂、渎职侵权等职务犯罪案件，对国家工作人员职务行为进行监督。

公民对国家机关和国家工作人员提出批评、建议、申诉、控告或者检举，是宪法赋予公民的监督权利。在中国，公民通过检举、控告参与反腐败的渠道是畅通的。中国政府设有专门的信访机构，受理公民提出的检举控告和意见建议。中国共产党各级纪律检查机关、国家检察机关、政府监察机关和审计机关等都建立了举报制度，开通了举报电话，设立了举报网站，受理公民的检举和控告。对受理的举报线索，相关部门依法依纪进行调查或转送有关部门处理。在鼓励公民举报腐败案件的同时，国家重视维护举报人的合法权益。中国的刑法、刑事诉讼法、行政监察法等法律法规和中国共产党党内法规都对保护举报人作了明确规定，对举报人的有关情况予以保密，严禁泄露举报人身份或者将举报材料、举报人情况透露给被举报单位、被举报人，对打击报复举报人的行为进行惩处。

中国重视发挥舆论监督的作用，依法保护报刊、电视、广播等新闻媒体的采访权和舆论监督权，支持新闻媒体披露各种不正之风和党政机关及其工作人员中的违法违纪问题。政府有关部门高度关注新闻媒体反映的问题，积极回应社会关切，及时提出解决办法，改进工作。近年来，随着互联网的快速发展和广泛普及，网络监督日益成为一种反应快、影响大、参与面广的新兴舆论监督方式。中国高度重视互联网在加强监督方面的积极作用，切实加强网络信息的收集、研判和处置工作，完善举报网站法规制度建设，健全举报网站受理机制及线索运用和反馈制度，为公民利用网络行使监督权利提供便捷畅通的渠道；与此同时，加强对舆论监督的管理、引导和规范，维护舆论监督的正常秩序，使舆论监督在法制轨道上运行。

建立健全责任追究制，是中国实行权力制约和监督的重要形式。

2017 年 12 月 25 日，江西省鄱阳县白沙洲乡民意测评工作人员正在分发村级干部工作满意度调查表。

责任追责主要包括三种形式。一是健全质询制度。质询制度是指根据一定的程序对党政机关进行质问并要求答复的监督制度。中华人民共和国 1982 年《宪法》明确规定，全国人民代表大会代表在全国人民代表大会开会期间，全国人民代表大会常务委员会组成人员在常务会开会期间，有权依照法律规定的程序提出对国务院或者国务院各部、各委员会的质询案。受质询的机关必须负责答复。根据中国有关法律法规，质询的对象主要包括监察委员会、行政部门、人民法院、人民检察院等；质询的方式分为书面质询和口头质询；质询的责任后果有明确规定，避免了质询的形式化。二是完善经济责任审计制度。经济责任审计制度是指国家审计机关在法定职权范围内，对党政主要领导干部和国有企业领导人员任职期间经济责任制履行情况进行监督检查的制度。经济责任是指党政领导干部在任职期间因其所任职务，依法对本地区本部门本单位的财政收支、财务收支以及有关经济活动应该履行的职责义务。被审计领导干部对履行经济责任过程中存在的问题，应当承担直接责任、领导责任，相关职能部门将经济责任审计结果作为考核、任免、奖惩干部的重要依据。三是健全引咎辞职罢免制度。根据有关法规规定，如果出现以下九种情形之一，党政领导干部应当引咎辞职。这九种情形分别是：因工作失职，引发严重的群体性事件，或者对群体性、突发性事件处置失当，造成严重后果或者恶劣影响，负主要领导责任的；决策严重失误，造成巨大经济损失或者恶劣影响，负主要领导责任的；在抗灾救灾、防治疫情等方面严重失职，造成重大损失或者恶劣影响，负主要领导责任的；在安全工作方面严重失职，连续或者多次发生重大责任事故，或者发生特大责任事故，负主要领导责任的；连续或者多次发生特大责任事故，或者发生特别重大责任事故，负主要领导责任、重要领导责任的；在市场监管、环境保护、社会管理等方面管理、监督严重失职，连续或者多次发生重大事故、重大案件，造成巨大损失或者恶劣影响，负主要领导责任的；执行《党

2017 年 9 月 5 日，江西省余干县东塘乡驻东方村纪检监督员万文国正在村里民生工程审核表上签字。

政领导干部选拔任用工作条例》不力，造成用人严重失察、失误，影响恶劣，负主要领导责任的；疏于管理监督，致使班子成员或者下属连续或多次出现严重违纪违法行为，造成恶劣影响，负主要领导责任的；对配偶、子女、身边工作人员严重违纪违法知情不管，造成恶劣影响的；有其他应当引咎辞职情形的。罢免制度是指免除违法违纪失职的党政领导干部职务的制度。按照相关法规规定，启动罢免程序时，需听取被罢免人的意见，尊重并保护被罢免人的辩护权。

阳光是最好的防腐剂，公开是对权力最好的监督。从 20 世纪 80 年代开始，中国政府积极推行政务公开、厂务公开、村务公开和公共企事业单位办事公开等制度，颁布《中华人民共和国政府信息公开条例》等重要法规文件，规定按照公开是原则、不公开是例外的要求，及时、准确地公开除涉及国家秘密、商业秘密和个人隐私以外的政府信息，依法保障公民的知情权、参与权、表达权和监督权。中央和国家机关、各省（自治区、直辖市）普遍建立了新闻发布和新闻发言人制度，绝大多数县级以上政府建立了政府网站。国家司法机关推进审判公开、检务公开、警务公开、狱务公开等司法公开制度，为加强对司法活动的监督提供了有力保证。中国共产党积极推进党务公开，发布实施《关于党的基层组织实行党务公开的意见》，健全党内情况通报制度，及时公布党内事务特别是党组织重大决策、干部选拔任用、党员领导干部执行廉洁自律规定等情况，拓宽党员了解党内事务和表达个人意见的渠道。

优化决策议事协调机构

中央决策议事协调机构，是中国领导体制和权力运行机制的重要组成部分，是中国所特有的一种组织方式和工作机制，在中国共产党治国理政的实践中发挥了不可替代的作用。早在 1958 年，中共中央就决定成立财经、政法、外事、科学、文教等六个小组，在党中央的领导下开展工作。这些领导小组直接隶属中共中央政治局和中央书记处，向中共中央直接汇报工作。这些领域的大政方针的决策权在政治局，具体部署在中央书记处，具体执行和细节决策权属政府机构及其党组。这六个领导小组一直延续至今，具有 60 年的历史，对于推动中国财经、政法、外事、科学、文教工作，起到了十分重要的作用。

改革开放以来，中共中央继续沿用以往的经验和做法，先后在对台湾工作、机构编制、社会治安综合治理、精神文明建设等领域成立领导小组或委员会，作为中共中央的决策议事协调机构。2012 年中共十八大以来，中共中央在全面深化改革、国家安全、网络安全、军民融合发展等涉及党和国家工作全局的重要领域成立新的决策议事协调机构，对加强中国共产党对相关工作的领导和统筹协调，起到了至关重要的作用。至今为止，中共中央设立的领导小组达 20 多个，大致可以分为六大门类。组织人事类：中央人才工作协调小组；

宣传文教类：中央宣传思想工作领导小组；政治法律类：中央西藏工作协调小组、中央新疆工作协调小组；财经类：中央财经领导小组、中央农村工作领导小组；外事类：中央外事工作领导小组（中央国家安全领导小组）；党建类：中央党的建设工作领导小组、中央巡视工作领导小组、中央党的群众路线教育实践活动领导小组等。其中，中央党的群众路线教育实践活动领导小组、中央全面深化改革领导小组、中央网络安全和信息化领导小组、中央军委深化国防和军队改革领导小组、中央海洋权益工作领导小组、中央军民融合发展委员会、国家监察体制改革试点工作领导小组、全面依法治国领导小组等，均为中共十八大之后设立。

2017年7月30日，庆祝中国人民解放军建军90周年阅兵在内蒙古朱日和训练基地举行。

这些领导小组尽管是议事协调机构，但是规格级别都非常高。中共中央总书记习近平亲自担任中央全面深化改革领导小组、中央网络安全和信息化领导小组、中央军委深化国防和军队改革领导小组、中央财经领导小组的组长。特别需要指出的是，以往中央财经领导小组组长多由总理担任，现在也由中共中央总书记习近平亲自兼任。另外，中央军民融合发展委员会主任、国家安全委员会的主席也均由中共中央总书记习近平亲自担任。其他中央领导小组的组长，一般都由中央政治局常委、中央政治局委员兼任。

领导成员"高配"的各类中央领导小组设置，能够满足中国发展的现实需求。中央领导小组的主要职能就是决策、宏观协调统筹。因此，在中国目前的阶段，设立中央领导小组这样的超强机构，有利于整合职能部门的资源，从最高层统一配置资源，有助于冲破各种利益羁绊、既得利益格局。

中共中央设立的决策议事协调机构在国家治理中主要发挥顶层设计、总体布局、统筹协调和整体推进四个方面的功能。具体而言，一是重大决策的顶层设计。党中央决策议事协调机构承担重大决策前期调查研究、组织论证、征求意见等工作，负责起草重大决策文稿，有利于克服部门决策的分散主义、本位主义，提高重大决策的科学化、民主化水平。二是重大工作的总体布局。党中央决策议事协调机构在中央政治局及其常委会领导下开展工作，对重大工作的总体布局能够超越部门利益，突破常规治理的繁文缛节，推动重大工作决策部署贯彻落实。三是重大事项的统筹协调。党中央决策议事协调机构发挥总揽全局、协调各方作用，有利于打破部门壁垒和信息阻塞。对党政军群各类机构的统筹协调，能够使各领域各层级机构在党的领导下各就其位、各司其职、各尽其职、有序协同，有效实现科层分工治理与党中央集中统一领导相结合。四是重大部署的整体推进。党中央决策议事协调机构承担重大决策部署整体推进、督促落实职能，通过强化督促考核机制，统筹协调、重点督查各地区各部门落实情况，能够使相关改革协同配套、整体推进，有效避免议而不决、决而不行，确保党中央决策部署顺利实施。

为进一步发挥决策议事协调机构在国家治理中的功能，中共中央不断优化其科学设置，推动中国共产党对各领域各方面工作的领导。2017年中共十九大后，中共中央再次启动对相关机构的改革，明确提出健全中国共产党对重大工作领导体制机制，优化党中央决策议事协调机构，加强中国共产党对重大工作的集中统一领导。可以说，改革中共中央决策议事协调机构，既是完善中央机构职能的重大举措，又是对中国国家治理体系的顶层优化。

在这次机构改革中，中共中央新组建若干中央决策议事协调机构，对现有机构按主要战线、主要领域适当归并，统一各委员会名称，目的就是加强党对涉及党和国家事业全局的重大工作的集中统一领导。具体体现在以下三个方面。

2017年10月18日，中国共产党第十九次全国代表大会在北京人民大会堂开幕。

第一个方面，实现中国共产党对重大工作领导全覆盖。最近进行的机构改革，中共中央新组建了中央全面依法治国委员会、中央审计委员会和中央教育工作领导小组，加强中共中央对相关领域工作的集中统一领导。组建中央全面依法治国委员会是贯彻落实中共十九大精神的具体举措，有利于加强中共中央对法治中国建设的统一领导，实现依法治国、依法执政、依法行政共同推进，法治国家、法治政府、法治社会一体建设。中央审计委员会加强了中国共产党对审计工作的领导，推动构建集中统一、全面覆盖、权威高效的审计监督体系，有助于对重大政策和改革方案、中央预算执行和其他财政支出情况进行更为有效的审计监督。中央教育工作领导小组加强了中共中央对教育工作的集中统一领导，为办好人民满意的教育提供了坚强保障。

第二个方面，优化决策议事协调机构和职能体系。2018年进行的机构改革，正式把中央全面深化改革领导小组、中央网络安全和信息化领导小组、中央财经领导小组、中央外事工作领导小组改为委员会，实现了由任务型组织向常规型组织转型，决策职能和综合协调职能得到了强化。相比于领导小组，委员会的职能范围更广、机构设置更规范、参与成员更多元、统筹协调更有力、决策议事权威性更高，有利于完善中国共产党对重大工作的科学领导和决策，形成有效管理和执行的体制机制，加强中共中央对地方和部门工作的指导。同时，将涉及全局性工作的四个领导小组改为委员会，既满足了中国治国理政的实际需要，也符合世界各国决策议事协调机构运行的普遍规律。为进一步理顺中共中央决策议事协调机构与职能部门的职责分工，整合相关力量，这次机构改革不再设立中央维护海洋权益工作领导小组、中央社会治安综合治理委员会及其办公室、中央维护稳定工作领导小组及其办公室，把有关职责交由相关职能部门承担，把中央防范和处理邪教问题领导小组及其办公室职责划归中央政法委员会、公安部。此次改革还调整优化了中央机构编制委员会领导体制，中央机构编制委员会办公室由中央组织部归口管理。

第三个方面，统筹党政职能部门设置党中央决策议事协调机构的办事机构。2018年这次机构改革把中央全面依法治国委员会、中央审计委员会和中央教育工作领导小组的办事机构分别设在了司法部、审计署和教育部，把中央农村工作领导小组办公室设在农业农村部。这种统筹党政部门设置办事机构的做法打破了所谓的党政界限，实现同一件事情齐抓共管，既增强中国共产党的领导力，又提高了政府的执行力。这是中共中央总结以往党政关系理论和实践经验作出的重大决策，有利于理顺党政机构职责关系，建立起高效协同的决策执行链条。

总而言之，新中国成立近70年来，尤其是中国改革开放40年来，中国已经建立起具有自身特色的比较规范的领导体制和权力运行机制。实践证明，这是与中国社会主义初级阶段基本国情相符合的，有利于推动国家治理体系现代化和提高国家治理效率，防止政治权力过于集中，形成权力之间既相互协调又相互制约的合理格局。随着政治体制和运行机制的逐步完善，中国国家治理体系也将逐步完备，中国经济社会将更加平稳、健康发展。

第三章　创新行政管理体制与机构改革

创新行政管理体制，推动机构改革，是中国进行政治体制改革的重要内容。改革开放40年来，中国共产党和中国政府本着"政府是人民的政府"的施政理念，加快转变政府职能，优化机构设置，推进政府依法行政，提供优质公共服务，维护社会公平正义，推动行政运行机制和政府管理方式朝着"规范有序、公开透明、勤政高效、清正廉洁"的目标转变，建设一个人民满意的服务型政府。

转变政府职能与简政放权

计划经济时期，中国政府通过指令性计划和行政手段对经济和社会进行管理，扮演着生产者、监督者、控制者的角色。由于政府承担过多功能，导致该管的事没有管好，不该管事的又管了。1978年改革开放后，中国政府逐步改变以往做法，依法重新界定政府的管理职能。按照凡是公民、法人或其他组织能够自主解决的，市场竞争机制能够调节的，行业组织或者中介机构通过自律机制能够调整的事项，行政机关不要通过行政管理去解决的原则，逐步理顺政府与企业、政府与市场、政府与社会的关系，把政府不该管的事情逐步交给企业、市场和社会。

行政审批制度改革，是中国政府职能转变、简政放权的一个缩影。在中国，由于传统的高度集中的计划经济体制的巨大影响，行政审批被广泛地运用于许多行政管理领域。应该说，这一制度在保障、促进中国经济和社会发展中发挥过重要作用。但是，随着中国市场经济的日益发展以及正式成为WTO的成员之后，行政审批制度由于缺乏有效的法律规范，长期存在的问题就越来越突出。2013年，中国新任总理李克强在记者见面会上曾这样说：机构改革不易，转变职能更难，因为它更深刻。在地方调研的时候，常听到这样的抱怨，办个事、创个业要盖几十个公章，群众说恼火得很。这既影响了效率，也容易有腐败或者叫寻租行为，损害了政府的形象。这段话直指行政审批制度的缺陷。

2017 年 9 月 19 日，在辽宁锦州行政审批局服务中心，群众体验"一站式"自助服务。

近年来，中国政府启动了多次行政审批制度改革，在多方面取得了突破性进展。（1）逐步取消行政审批。从 2012 年 10 月至 2017 年 10 月，国务院部门累计取消行政审批事项 618 项，彻底清除非行政许可审批。中央指定地方实施行政许可事项目录清单取消 269 项，国务院行政审批中介服务清单取消 320 项，国务院部门设置的职业资格许可和认定事项削减比例达 70% 以上。三次修订政府核准的投资项目目录，中央层面核准的投资项目数量累计减少 90%。同时，实施权力清单、责任清单制度，把政府职能、法律依据、职责权限等内容以权力清单的形式向社会公开。截至 2016 年，全国 31 个省级政府部门均已公布权力清单。（2）严格控制新设行政审批项目。在取消、调整行政审批项目的同时，政府对拟新设的行政审批项目进行严格控制。目前，中国已初步建立了比较完善的新设行政审批项目审查论证机制。（3）加强对审批权的监督。近年来，中央纪检监察机关及其派驻机构加强对违法设立审批等违纪违法行为的监督和惩治力度，督促有关部门主动接受人大代表、政协委员和社会各界的监督。同时，中国各省（区、市）通过技术创新，建立电子监察系统，对行政审批事项进行实时监控、预警纠错、绩效评估、信息服务和投诉处理等。（4）创新行政审批办法。在推动行政审批制度改革的过程中，各级政府改进审批办法，提高办事效率。譬如，有些地方政府在网上进行审批，解决传统审批模式信息不透明、流程繁琐、时间过长等问题。有些地方政府对保留的行政审批项目编制了目录，推动行政审批公开、透明，防止"暗箱操作"。目前，中国地方政府大多数建立起行政审批服务中心。经过近 20 年的建设，早在 2011 年底，中国在全国范围内已建立政务服务中心 2900 多个，省、市、县、乡四级联动的政务服务体系基本形成。

经过上述一系列改革，中国在一定程度上解决了以往行政审批过多过滥的问题，并从源头上有效地减少腐败的发生。同时，通过行政审批制度改革，政府把不该管的事情交给企业、社会和市场，理顺了政府与市场、政府与社会的关系，市场配置资源的决定性作用进一步增强，权力过分集中的现象已成为过去。

简政放权和减少行政审批，使政府有更多的时间和精力来履行战略规划、市场监管、社会管理与公共服务职能，更好地为经济社会协调发展服务。近年来，中国政府加强对市场监管力度，从最贴近老百姓生活的食品药品专项整治，到遏制教育乱收费，再到整顿市场秩序、建设信用体系、让"环保风暴"刮向违规企业。这一系列市场监管手段，保证了中国经济的持续健康发展，为普通民众安居乐业提供保障。同时，中国政府也正努力完善社会管理体制和管理格局，维护社会秩序和社会稳定，促进社会公正。国务院公布《突发公共卫生事件应急条例》《地质灾害防治条例》等行政法规，制定《国家突发公共事件总体应急预案》等 106 件应急预案，不断提高应对各类突发事件的能力。近 10 年来，中国政府有力、有序、有效地应对了南方部分地区低温雨雪冰冻灾害、四川汶川和青海玉树特大地震、甲型 H1N1 流感疫情、西南地区干旱、山西王家岭矿难、四川九寨沟 7.0 级地震等各类重特大突发事件。所有这些都充分表明，中国政府应对各种危机和突发事件

2010 年 4 月 17 日，青海玉树地震救援已经进入第四天，结古镇的一处废墟上又发现有生命迹象，救援人员马上投入救援。

的综合能力有了显著提升。

　　关注中国的人会发现，伴随经济的快速发展和人民利益需求的上升，近年来，中国政府越来越重视回应社会的公共诉求，逐步健全和完善公共政策和公共服务体系，加大财政对教育、科技、文化、卫生等社会事业的支持力度，积极稳妥地推进部分公共产品和服务的市场化进程。譬如推进教育公平，免除农村寄宿制学生住宿费，建立起完整的家庭经济困难学生资助体系，初步解决农民工随迁子女在城市接受义务教育的问题；积极稳妥推进医药卫生体制改革，全面建立城镇居民基本医疗保险制度、新型农村合作医疗制度，惠及 13 亿多城乡居民；建设覆盖城乡的社会保障体系。2012 年中共十八大以来的 5 年，中国政府在推动养老保险制度改革上取得了一定成效。比如全国企业退休人员月均基本养老金从 2012 年的 1686 元增加到 2016 年的 2362元，2018 年继续上调；而城乡居民基本养老保险基础养老金最低标准从每人每月 55 元提高至 70 元，人均养老金水平达到 120 元左右。截

2014 年，新疆哈密市的一个社区服务中心为居民提供社会保障服务。

至 2016 年底，中国基本医疗保险覆盖人数超过 13 亿人，全民医保基本实现。中国在社会保险扩大覆盖方面取得的成就，得到国际社会的充分肯定和高度评价，国际社会保障协会授予中国政府"社会保障杰出成就奖"。此外，近年来，中国政府加大对保障性安居工程、文化惠民工程和公益性文化事业的投入及其他公共产品的供给。以公共文化供给为例，2016 年中国共有群众文化机构 44497 个，比 2012 年增加 621 个，增长 1.4%；公共图书馆 3153 个，比 2012 年增加 77 个，增长 2.5%；博物馆 4109 个，比 2012 年增加 1040 个，增长 33.9%；文物保护管理机构 3318 个，比 2012 年增加 613 个，增长 22.7%。所有这些都极大地满足了人民群众对公共产品的基本需求。

从总体上来说，改革开放 40 年来，中国政府在转变自身职能方面做了大量卓有成效的工作，政府宏观经济调控能力及社会管理和服务能力有了很大提升。但是，与成熟的发达国家政府相比，中国政府职能调整还有一定空间，政府直接配置资源的范围仍然偏大，对微观经济主体的干预仍然较多，公共供给显得不足，市场监管和社会服务管理相对偏弱。对于这些问题和不足，中国政府已经深刻地意识到，并开始着手改变这一现状，推动政府职能全方位转变。

推进依法行政与法治政府建设

实行依法行政，建设法治政府，是中国贯彻全面依法治国方略的重要内容之一，也是中国政府施政的基本准则。在当代中国，法律对依法行政的内容作了相关的规定：行政机关只能行使法律授予的与其职能相一致的权力；行政权的行使，不得与法律相抵触；行政权的行使，必须以法律为依据；没有法律依据，不得使人民承担义务或免除特定人应负的义务，不得侵害人民的权利或为特定人设定权利；在法律允许行政机关作出自由裁量的情况下，其决定不得超过法律规定的范围和界限；行政机关有违法或不当行为，对公民、法人和其他组织的合法权益造成损害的，当事人有权申请复议或直接向人民法院起诉，

2018年8月22日，武汉一座办公楼门口张贴的"国务院督查来了'我为大督查提建议'微信小程序"广告。

通过行政复议程序和行政诉讼程序，纠正其违法或不当行为，并对造成的损害予以行政赔偿。概括起来说，依法行政就是做到既不失职又不越权。

为了保证行政机关既不失职又不越权，中国政府本着"以人为本、执政为民"的理念，在进行行政立法时，高度关切人民群众的合法利益，注意推动经济和社会事业全面协调发展。多年来，中国国务院先后提请全国人大常委会审议《安全生产法（草案）》《传染病防治法（修订草案）》《公务员法（草案）》等法律议案，公布或修改公布了《失业保险条例》《城市居民最低生活保障条例》《劳动保障监察条例》《宗教事务条例》《工伤保险条例》《城市生活无着的流浪乞讨人员救助管理办法》《婚姻登记条例》《法律援助条例》《道路交通安全法实施条例》等行政法规。上述立法充分体现对社会困难群体的照顾，使政府行政体现更多的人文关怀。

经过几十年的努力，如今中国各级人民政府的行政权力已逐步纳入法治化轨道，依法行政取得了重要进展。截至 2017 年 3 月，中国现行有效的行政法规达 600 多部，规范政府权力的取得和运行的法律制度已基本形成。这就为政府依法行政提供了比较健全的法律依据。

关于政府的行政行为，中国法律作了相应的规定。在行政许可设定的事项和程序方面，中国的《行政许可法》规定：凡是公民、法人或者其他组织能够自主决定的，市场竞争机制能够有效调节的，行业组织或者中介机构能够自律管理的，行政机关采用事后监督等其他行政管理方式能够解决的事项，一般不设定行政许可。《行政许可法》还规定，行政机关实施行政许可必须合法、公开、公正、便民，遵循不得擅自改变已经生效的行政许可的信赖保护原则。在行政征收、征用方面，按照《宪法》和《物权法》的规定，国家为了公共利益的需要，依照法律规定的权限和程序，可以征收集体所有的土地和单位、个人的房屋及其他不动产。征收集体所有的土地，应当依法足额支付土地补偿费、安置补助费、地上附着物和青苗的补偿费等费用，安排被征地农民的社会保障费用，保障被征地农民的生活，维护被征地农民的合法权益。征收单位、个人的房屋及其他不动产，应当依法给予拆迁补偿，维护被征收人的合法权益；征收个人住宅的，还应当保障被征收人的居住条件。在行政处罚方面，中国的《行政处罚法》规定，对违反行政管理秩序的行为，应当给予行政处罚的，只能由法律、法规或者规章设定，并由行政机关依照该法规定的程序实施。没有法定依据或者不遵守法定程序的，行政处罚一律无效。行政机关发现公民、法人或者其他组织有依法应当给予行政处罚的行为的，必须全面、客观、公正地调查，收集有关证据。行政处罚决定作出后，当事人有权申请行政复议、提起行政诉讼或者依法提出赔偿要求。

关于政府的行政监督、救济，中国通过制定一系列法律加以规范。在行政复议方面，中国的《行政复议法》规定，公民、法人或者其他

2016 年 6 月 27 日，江苏省宜兴市不动产登记中心发出了全市第一本《不动产权证书》，标志着不动产统一登记制度在宜兴正式落实。

组织认为具体行政行为侵犯其合法权益的，可以向行政机关申请行政复议。行政复议机关经过审理，可以依法决定撤销、变更或者确认该具体行政行为违法，可以责令行政机关在一定期限内履行法定职责或者重新作出具体行政行为。在行政诉讼方面，中国的《行政诉讼法》规定，公民、法人或者其他组织对行政机关和行政工作人员作出的具体行政行为不服的，有权依法向人民法院提起诉讼。人民法院经过审理，对具体行政行为存在主要证据不足、适用法律法规错误、违反法定程序、超越职权、滥用职权等情形的，可以判决撤销或者部分撤销，并可以判决被告重新作出具体行政行为。在行政赔偿方面，中国的《国家赔偿法》规定，行政机关及其工作人员违法行使行政职权侵犯人身权和财产权的，受害人有获得赔偿的权利，并对行政赔偿请求人和行政赔偿义务机关、赔偿程序、赔偿方式和计算标准等作了规定。在行政监察和审计方面，中国的《行政监察法》规定，由监察机关对行政机关在遵守和执行法律、法规和人民政府的决定、命令中的问题进行监察。同时，《审计法》规定，由审计机关对国务院各部门和地方各级政府的财政收支，国有金融机构和企业事业组织的财务收支等进行审计监督。

在健全行政法规的同时，中国政府强调严格按照法定权限和程序行使职权，全面推行行政执法责任制，严格追究执法过错责任，不断强化执法人员依法行政意识，减少和杜绝执法随意性。在执法过程中，注意依法保障当事人和利害关系人的权益，坚决纠正行政执法中损害群众利益和以权谋私等各种违法行为，切实做到严格执法、公正执法、文明执法。从2012年至2017年，中国各级行政复议机关通过作出撤销、变更、确认违法和责令履行决定等方式依法纠正违法或不当行政行为，直接纠错率达13.1%，促进了行政机关依法行政，有效维护了群众合法权益。举例来说，2013年5月，陕西延安市发生了一起恶性城管暴力执法事件，造成执法对象被踩踏致面部出血。此事被网友爆料后，依照相关法规，事件责任人很快受到撤职等处分，参与斗殴的两名城管人员分别被刑事拘留和行政拘留。这个案例从一个侧面表明，中国政府通过建立行政执法责任制，对执法人员的滥执法、乱执法、暴力执法等行为进行严厉处罚，为行政执法对象的合法权益提供法制保障。这是中国走向法治国家的又一例证。

2012 年中共十八大以来，中共中央和中央政府要求各级政府必须依法全面履行职能，加快建设职能科学、权责法定、执法严明、公开公正、廉洁高效、守法诚信的法治政府。中共中央总书记习近平强调："依法治理是最可靠、最稳定的治理"，必须善于运用法治思维和法治方式进行治理。2015 年 12 月，中共中央、国务院印发《法治政府建设实施纲要（2015—2020 年）》，规划与中国全面建成小康社会相适应的法治政府建设阶段性目标，推动依法行政从软任务变成硬约束。

2018 年 6 月 28 日，国务院在北京召开全国深化"放管服"改革、转变政府职能电视电话会议。中共中央政治局常委、国务院总理李克强发表重要讲话。

最近的几年来，中国在推动政府依宪施政、依法行政及建设法治政府上采取了很多有效措施，取得了重大进展。如：（1）满足人民群众对法治的越来越高的诉求，2016年中国制定出台《关于推行法律顾问制度和公职律师公司律师制度的意见》，推动全国各省级政府普遍设立政府法律顾问。目前，全国共有8000余家党政机关、人民团体设立了公职律师，公职律师队伍发展到2.4万人，发挥了为依法决策守门把关的重要作用。（2）深化"放管服"改革，政务服务更优化。以"减证"促"简政"，中国各地方政府按照中央政府的要求，持续深化"放管服"改革，在"刀刃向内"的自我革命上积极探索、主动作为，使得审批更简、监管更强、服务更优。（3）权力关进笼子里，行政执法更规范。在完善行政执法程序方面，2017年中国国务院办公厅印发《推行行政执法公示制度执法全过程记录制度重大执法决定法制审核制度试点工作方案》，全国32个地方和部门推行试点工作，规范行政执法程序，有效遏制乱执法和执法不作为等突出问题。（4）加大问责力度，推动依法履职。针对重大项目建设拖期、财政资金沉淀、

2017年12月21日，安徽省合肥市铜陵新村社区行政复议社区受理点，值班律师和司法所工作人员正在现场受理首宗社区居民的行政复议诉求。

土地闲置、保障房空置、涉企乱收费等政策落实中存在的突出问题，从 2014 年起，中国国务院连续 4 年部署开展全国大督查，推动各地方各部门依法履职，加大问责力度。

上述所有这些改进举措，极大地促进了各级行政机关依法行政，更加有效地维护了广大人民群众的合法权益。

公务员制度建立与完善

国家公务员制度，又称为"文官制度"，指的是通过制定法律和规章，依法对政府中行使国家行政权力、执行国家公务的人员进行科学管理的一种人事制度。早在 1400 多年前的隋朝，中国就开始运用考试的办法来选拔官吏，这种制度被称为科举考试制度，是现代文官制度的雏形。不过，现代意义上的公务员制度，最初形成于西方国家。1855 年 5 月，英国公布了《关于录用王国政府文官的枢密院令》，这是现代公务员制度正式确立的标志。公务员制度的出现，是人事管理制度走向现代化的标志。

1978 年底中国开始实行改革开放，政治体制改革也随之提上日程。中国的人事制度改革就是在这样一个时代背景下开始启动的。20 世纪 80 年代初期，中国开始试行现代公务员制度，并结合中国国情加以发展和完善。

1982 年、1983 年，中国开始对中央和地方国家机关先后进行改革，并按照干部"四化"（知识化、专业化、年轻化、革命化）的方针，调整了各级领导班子，建立了老干部的离休、退休制度，开始逐渐废除实际上长期存在的领导职务终身制。与此同时，许多地区和部门在干部的录用、考核、交流、培训等方面也进行了一系列的改革探索。但是，一些单项制度的改革往往因为缺少全局的配合而难以真正发挥作用。干部人事制度的改革是一项系统工程，任何局部的问题都不是孤立存在的，头疼医头、脚疼医脚的方式是不能从根本上解决问题的。所以，必须进行综合性的配套改革。于是，中共中央在 1984 年提出要制定《国家工作人员法》，后改名为《国家行政机关工作人员条例》，又更名为《国家公务员暂行条例》。1988 年 3 月，为进一步加强政府人事工作，更好地推行公务员制度，中共中央决定成立国家人事部。可以说，国家人事部的成立标志着国家公务员制度开始向实施阶段过渡。中国人事部从 1989 年起即开始组织公务员制度的试点工作，首先在国务院的审计署、海关总署、国家统计局、国家环保局、国家税务局等部门进行试点。1990 年，又在黑龙江省哈尔滨市和广东省深圳市进行试点。在此期间，《国家公务员暂行条例（草案）》中的一些单项制度，如考试录用制度、亲属回避制度、人事考核制度、人员培训制度等也在全国范围内试行并取得了很好的效果。在这些试点基础上，1993 年 8 月，中国国务院正式签署颁发了《国家公务员暂行条例》。至此，一个符合中国国情的、具有中国特色的公务员制度在中国正式

2019 年 1 月 1 日，全国出入境边检机关全员统一换着人民警察制服上岗执勤，以全新形象为出入境旅客提供优质高效的通关服务。

建立起来。

　　至今，现代公务员制度在中国已经实行了 20 多年。经过多年的探索和改革，中国公务员制度已经逐步走向法制化和规范化轨道。2005 年 4 月 27 日，经过反复论证，中国十届全国人大常委会第十五次会议审议通过了《中华人民共和国公务员法》，并于 2006 年 1 月 1 日正式实施。随后，中国又出台了多个补充条例，它们分别是《公务员考核规定（试行）》《行政机关公务员处分条例》和《人事争议处理规定》等。《公务员法》及配套规定的颁布实施，标志着中国公务员管理进入了法制化的新阶段，在中国人事制度发展进程中具有里程碑意义。

　　《公务员法》及配套法规的颁布实施，为健全完善公务员制度提供了法律依据。根据《公务员法》相关规定，在中国，公务员的范围相对比较宽泛，不仅包括政府、人民代表大会、政治协商会议及司法机关的工作人员，也包括各个党派的工作人员。具体来说，主要包括七类人员。第一类，中国共产党机关的工作人员，包括中央和地方各级党委和纪检委的专职领导人员，中央和地方各级党委工作部门和纪检机关的工作人员，街道、乡、镇党委机关的工作人员。第二类，人民代表大会机关的工作人员，包括: 全国人大常委会委员长、副委员长、秘书长、专职常委，地方各级人大常委会主任、专职副主任、秘书长，乡镇人大专职主席、副主席；各级人大专门委员会办事机构的工作人员；各级人大常委会工作机构的工作人员。第三类，行政机关的工作人员，包括各级人民政府的组成人员，各级人民政府工作部门及派出机构的工作人员。第四类，政协机关的工作人员，包括各级政协主席、专职副主席、秘书长，各级政协工作机构的工作人员，政协专门委员会办事机构的工作人员。第五类，审判机关的工作人员，指各级人民法院的法官、审判辅助人员和行政管理人员。第六类，检察机关的工作人员，包括各级人民检察院的检察官、检察辅助人员和行政管理人

2018 年 4 月 21 日，山东省 2018 年考试录用公务员公共科目笔试在省内各考区同时举行，考生排队进入考点。

员。第七类，民主党派机关的工作人员，包括八个民主党派中央和地方各级委员会主席（主委）、专职（驻会）副主席、秘书长，中央和地方各级委员会职能部门和办事机构的工作人员。

在现代民主社会，担任国家公职既是公民的一项权利，也是公民应该履行的一种义务。但在现实生活中，并不是任何一个公民都可以报考公务员。那么，在中国，哪些人可以报考公务员呢？根据中国法律规定，报考公务员应当具备这几个基本条件：一是具有中华人民共和国国籍；二是年满十八周岁；三是拥护中华人民共和国宪法；四是具有良好的品行；五是具有正常履行职责的身体条件；六是具有符合职位要求的文化程度和工作能力；七是具有法律规定的其他条件。《公务员法》除了从正面规定公务员的基本资格条件外，还从反面作出了一些限制性规定，如曾因犯罪受过刑事处罚的人、曾被开除公职的人、有法律规定不得录用为公务员的其他情形的人，都不得报考公务员。

在中国，录用公务员的公正性为人们所广泛关注。为此，中国法律设计了公务员录用的严格程序。第一步，发布招考公告。招考公告应当载明招考的职位、名额、报考的资格条件、报考需要提交的申请材料以及其他报考须知事项。第二步，招录机关根据报考资格条件对报考申请进行审查，确认报考者提交的材料是否真实准确。第三步，对报考申请者组织进行笔试和面试，招录机关根据考试成绩确定考察人选，并对报考者进行报考资格复查、考察和体检。第四步，招录机关根据考试成绩、考察情况和体检结果，提出拟录用人员名单，并予以公示。第五步，公示期满后，中央一级招录机关将拟录用人员名单报中央公务员主管部门备案，地方各级招录机关将拟录用人员名单报省级或设区的市级公务员主管部门审批。新录用的公务员还有一年试用期。试用期满考核合格的，予以任职；不合格的，取消录用。

近年来，中国遵循"公开、平等、竞争、择优"的原则，在严格规范和完善考试录用、公开选拔、竞争上岗制度上做了大量的工作，并逐步形成科学规范选人用人机制。公开考试、择优录取，是中国公务员制度的一个显著特点，是对传统进人方式的重大改革。目前，"凡进必考"制度在中国基本建立，全国 32 个省、自治区、直辖市均实行了公开招考，实现了考录工作的制度化、规范化和正常化，形成了涵盖笔试、面试、体检、考核、监督等诸环节的考录法规体系。中央和地方在考录实践中，主要突出对考生能力、素质和知识面的测评，打破身份、地域限制，不拘一格选人才；坚持公开考录政策，公开考录计划，公开资格条件，公开考试成绩，公开录取结果，人们形象地把这"五公开"称为"玻璃房子里的竞争"。通过公开招考，一大批素质好、年纪轻、学历高的优秀人才进入公务员队伍。"凡进必考"的观念深入人心，得到了社会的广泛认可和支持。

"授任必求其当，用人必考其功"，加强公务员绩效考核和评估是建立责任政府、提高行政效能的重要手段，是当今各国行政管理的共同发展趋势。近年来，在完善公务员竞争择优机制同时，中国以《公务员法》为依据，探索建立公务员考核和政府绩效评估制度。2007年，中国专门颁布了《公务员考核规定（试行）》，对公务员考核的基本原则、内容、标准、程序、结果的使用等作出了详尽的规定，并将考核结果与公务员的职务、级别、工资晋升和奖惩、培训、辞退结合起来，推进公务员考核工作朝着更加规范化、制度化方向发展。

当然，由于中国公务员制度建立时间还比较短，有些方面还不太成熟和规范，如公务员分类还不太明晰，公务员监管制度不够完善，公务员录用考试面试中存在极少数舞弊行为等。所有这些问题，是中国公务员制度下一步需要继续改革和完善的地方。

政务公开与行政问责

政府运作的透明、公开以及推行行政问责，是现代社会发展的大趋势，也是建设服务政府、责任政府的重要前提。中国政府高度重视推行政务公开和行政问责，提高政府工作的透明度，保障人民群众对政府工作的知情权、参与权和监督权，对于损害国家利益和侵犯公众利益的官员进行追责和惩罚，以提高政府工作人员的责任感。

早在20世纪80年代末，中国一些地方就开展了政务公开工作试点，进行了有益探索。在总结经验的基础上，1997年中共十五大明确提出："城乡基层政权机关和基层群众性自治组织，都要健全民主选举制度，实行政务和财务公开，让群众参与讨论和决定基层公共事务和公益事业，对干部实行民主监督。"2000年12月，中共中央办公厅和国务院办公厅印发《关于在全国乡镇政权机关全面推行政务公开制度的通知》，对乡（镇）政务公开作出部署，对县（市）级以上政务公开提出了要求。2004年3月，国务院印发《全面推进依法行政实施纲要》，把行政决策、行政管理和政府信息公开作为推进依法行政的重要内容。2005年1月，中共中央印发《建立健全教育、制度、监督并重的惩治和预防腐败体系实施纲要》，提出"健全政务公开、厂务公开、村务公开制度"。2007 年 4 月，国务院颁布《中华人民共和国政府信息公开条例》，标志着中国政务公开走上法治化轨道。

2012 年中共十八大之后，中共中央、国务院高度重视并继续推进政务公开工作，明确提出"完善党务、政务和各领域办事公开制度，推进决策公开、管理公开、服务公开、结果公开"。根据中共中央、国务院的统一部署，全国各地区、各部门大力推进政务公开工作，把行政审批、财政预算决算、"三公"经费、保障性住房、食品药品安全、环境保护、安全生产、价格和收费、征地拆迁等重大事项列为公开重点，征询社会意见，接受公众监督。中国各地区、各部门依法开展依申请公开工作，2013 年共办理申请 34.86 万件，其中按规定公开信息 26.16 万件，占申请总量的 75%。2014 年 3 月，国务院 60 个部

2017 年 7 月 25 日，安徽省安庆市大观区市场监督管理局执法人员在辖区海口镇红星中学旁一超市查看夏季饮料和进货台账，确保夏季乡村饮料安全。

门的 1235 项行政审批事项清单全部向社会公开。

此外，中国政府特别要求学校、医院和水、电、气、公交等与人民群众利益密切相关的公共部门和单位，要全面推行办事公开制度。近年来，通过推广以政府门户网站为窗口的电子政务、建立健全政府新闻发言人制度和突发事件新闻报道机制等工作，同时使用新媒体手段，进一步发挥政务微博、微信、移动客户端等社交网络和即时通信工具的积极作用，用老百姓喜闻乐见的方式灵活传递政务信息，政府工作透明度不断提高。

经过多年发展，中国政务公开初步形成行政权力公开透明运行、政府信息公开、公共企事业单位办事公开的工作格局，有力促进了政府职能转变和经济社会发展。同时也要看到，政务公开工作仍面临一些突出问题，与群众和社会舆论的期待还有差距。比如：一些政府工作人员思想认识上对政务公开还不够重视，信息公开不主动、不及时；面对一些公共事件和群众关切的重大事项，信息发布不充分，难以化解公众质疑；不善于和群众、媒体进行互动交流，削弱了政府信息发布的效果；等等。这些问题的存在，表明中国政务公开工作还需要进一步改进。

在增加政府透明度同时，中国还设立了行政问责制。推行行政问责，是中国建设责任政府的一个重要步骤。在中国，行政问责制是指对现任该级政府负责人、该级政府所属各工作部门和下级政府主要负责人进行内部监督和责任追究的制度。这项制度引入中国并作为行政管理体制改革的重要内容，是在 2003 年以后。

2003 年中国爆发非典型肺炎突发事件后，第一次启动了行政问责程序，对相关责任人给予了撤职、警告等惩罚。随后，中国政府开始摸索建设应对突发事件机制的经验。同年 5 月，中国政府制定并公布《公共卫生突发条例》，第一次明确了相关部门与负责人在突发性事件中应承担的责任、义务和违法行为的法律责任。以此为起点，中国先后制定相关法规条例，明确规定政府公职人员各种违法行为的法律责任。譬如，2003 年 8 月，在《行政许可法》中，中国政府明确规定了违反本法应承担的法律责任。2004 年 2 月，中共中央颁布《党内监督条例（试行）》和《中国共产党纪律处分条例》，专门设立关于"询问和质询""罢免或撤换"的规定，对有失职、渎职行为党员干部的处分作出相应规定。2004 年 3 月，国务院印发的《全面推进依法行政实施纲要》对决策责任追究、行政执法责任制以及完善行政复议责任追究制度等作了明确的规定。2006 年 1 月，《中华人民共和国公务员法》对公务员向上级承担责任的条件和公务员辞职辞退作了明确规定。2008 年初，国务院颁布的《国务院工作规则》明确提出，国务院及各部门要推行行政问责制度和绩效管理制度，并明确问责范围，规范问责程序，严格责任追究，提高政府执行力和公信力。这是行政问责制第一次写进《国务院工作规则》。

2017 年 7 月 29 日至 8 月 1 日，第三批 7 个中央环境保护督察组陆续向天津、山西、辽宁、安徽、福建、湖南、贵州等省（市）反馈督察意见。截至督察反馈时，督察组交办的 31457 件环境问题举报已基本办结，共立案处罚 8687 家，拘留 405 人，约谈 6657 人，问责 4660 人。

2009 年 6 月，中国正式颁布《关于实行党政领导干部问责的暂行规定》，这标志着问责制在中国的正式建立。随后，中国各地政府也陆续出台具体的行政问责的办法和规定，为实行行政问责提供了制度依据，也进一步推动行政问责制的落地生根。伴随着行政问责制度在中国的推行，中国掀起一又一次"问责风暴"，行政问责也由此走入中国民众的视野。

行政问责的一个著名案例，是中国河北省石家庄市的"三鹿"奶粉事件。自 2007 年 12 月后，河北石家庄三鹿集团公司陆续接到消费者关于婴幼儿食用三鹿牌奶粉出现疾患的投诉。但是，三鹿集团公司未就此事向政府和有关部门报告，也未采取任何补救措施，导致患婴人数不断增多。2008 年 8 月初，当地政府接到有关三鹿牌奶粉问题的报告后，出于地方保护主义等原因，没有就三鹿牌奶粉问题向河北省政府作过任何报告，也未向国务院和国务院有关部门报告，违反了有关重大食品安全事故报告的规定。2009 年 9 月，依据《国务院关于特大安全事故行政责任追究的规定》《党政领导干部辞职暂行规定》等有关规定，免去吴显国河北省委常委、石家庄市委书记职务，接受李长江引咎辞去国家质量监督检验检疫总局局长职务的请求。同时受到行政问责的还有石家庄市长及市政府有关部门的主要负责人。

行政问责另一个著名案例，是中国吉林省长春长生疫苗造假事件。2018 年 7 月 15 日，国家药品监督管理局发布通告指出，长春长生生物科技有限公司冻干人用狂犬病疫苗生产存在记录造假等行为。这是长生生物自 2017 年 11 月份被发现疫苗效价指标不符合规定后不到一年，再曝疫苗质量问题。2018 年 7 月 22 日，国家药品监督管理局负责人通报：现已查明，长春长生公司编造生产记录和产品检验记录，随意变更工艺参数和设备；上述行为严重违反《中华人民共和国药品管理法》《药品生产质量管理规范》有关规定，责令长春长生公司停止生产，收回药品 GMP 证书，召回尚未使用的狂犬病疫苗。2018 年

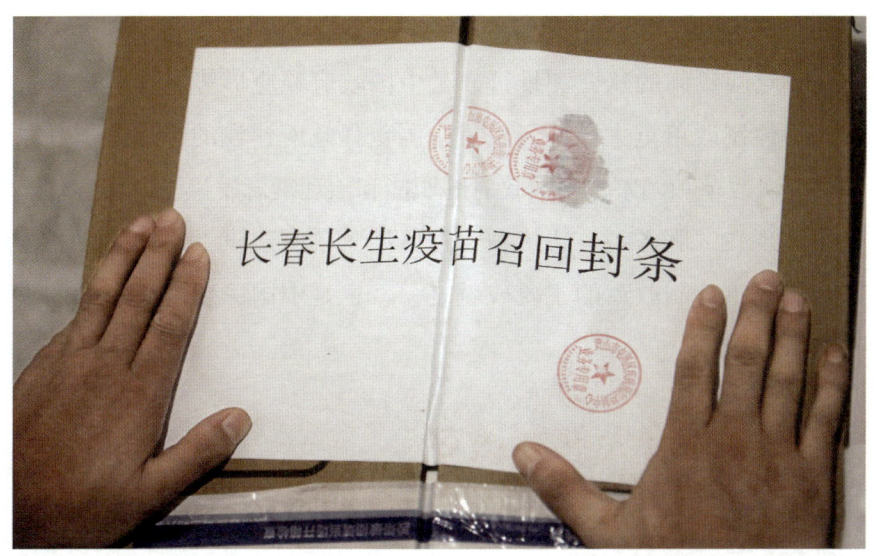

2018年7月23日，在安徽省黄山市屯溪区疾控中心拍摄的已就地封存的长春长生冻干人用狂犬疫苗。

7月24日，中国吉林省纪委监察委启动对长春长生生物疫苗案件腐败问题调查追责。2018年8月16日，中共中央召开政治局常务委员会议，听取关于吉林长春长生公司问题疫苗案件调查及有关问责情况的汇报，并根据有关法规，对7名省部级干部进行问责。其中，免去金育辉吉林省副省长职务，责令李晋修辞去吉林省政协副主席职务，要求长春市长刘长龙、国家市场监管总局副局长毕井泉引咎辞职，要求吉林省延边朝鲜族自治州委书记姜治莹、国家药监局局长焦红作出深刻检查；同时，还对与此事件有关的35名非中管干部进行行政问责。

　　近年来，中国对权力运行过程和结果的监督与问责在全国范围全面推开。事实上，像长春长生疫苗案这样的大规模问责，并不是第一次。比较典型的有：中国甘肃省祁连山生态环境问题的问责，国家民政部所辖单位系统性腐败问题的问责，中国河北省张家口市等地扶贫领域突出问题的问责，中国辽宁省贿选案的问责，以及中国山西省塌方式腐败的问责、中国四川省南充市拉票贿选案和湖南省衡阳市破坏选举案的问责，等等。

　　行政问责制的建立和推行，是中国政府顺应形势发展的一项行政管理体制改革重大措施，也是中国责任政府建设的标志性事件。经过多次改革和调整，中国政府的职能和治理理念发生了巨大变化，突出体现在"服务型、法治型、责任型"政府建设上。这是近些年来中国政治体制改革的主要成就之一，也是中国民主政治建设的重要特征之一。

推动政府大部制改革

　　中国现行的行政管理体制，是新中国成立后根据中国的政治体制、经济社会发展状况和历史文化传统等基本国情确定的，历经了几十年的改革完善。单是改革开放以来，中国就已先后进行了六次以政府机构改革为重点的行政管理体制改革，在转变政府职能、优化政府结构、推进依法行政、创新管理方式等方面取得重大进展，中国机构设置朝着大部制方向迈进了一大步。

　　改革开放之初的 1982 年，中国开始进行第一轮机构改革，当时主要遵循在行政系统内部进行中央和地方的集权与分权、机构数量增加与减少以及机构之间合并与分开的思路，导致政府机构设置出现"精简 – 膨胀 – 再精简 – 再膨胀"循环状况。为改变这一局面，从 1988 年第二轮机构改革到 20 世纪 90 年代末第三轮机构改革，重点开始转向推进政府职能转变。政府职能转变从四个方面着手进行：一是从微观管理向宏观管理转变；二是从直接指挥企业生产经营向统筹规划、政策引导的间接管理转变；三是从只管理部门所属企业向全行业管理转变；四是从对社会的管制向组织协调、提供服务和检查监督转变。这十年的改革旨在促进企业成为自我发展的市场主体，以建立起一个适应社会主义市场经济体制需要的行政管理体制。

1984年3月24日，《福建日报》头版头条发表了《五十五名厂长、经理呼吁——请给我们"松绑"》的呼吁信，"松绑放权"开启了中国企业计划经济体制改革之路。图为2018年，原福州电线厂厂长杜进兴追忆往事。

　　进入新世纪后，随着经济体制改革的深入和中国加入世界贸易组织，尤其是随着中国社会主义市场经济的发展，继续推进政府机构改革势在必行。为此，中共十六届二中全会审议通过了《关于深化行政管理体制和机构改革的意见》。2003年3月，中国十届全国人大一次会议第三次全体会议通过了关于国务院机构改革方案的决定。这标志着改革开放以来第四轮机构改革正式启动。按照预定方案，这次机构改革的重点在于深化国有资产管理体制改革，完善宏观调控体系，健全金融监管体制，继续推进流通管理体制改革，加强食品安全和安全生产监管体制建设。通过调整和归并业务相近以及因分工过细导致职责交叉和关系不顺的机构，这次改革进一步减少了政府组成部门，加大了社会管理部门的改革力度。同时，中国还将分散到各部门的行政决策权相对集中于本级政府及其组成部门（中央）或本级政府及其综合部门（地方），增强了政府整体运行功能，形成了精干的政府组成部门与专业化的执行机构并存、分工合作、协调有效的政府组织体系。

2003 年 3 月 7 日，十届全国人大一次会议举行代表团全体会议，审议国务院机构改革方案。根据这一方案，中国将组建商务部，以推进流通管理体制改革，国家经济贸易委员会和对外贸易经济合作部将不再保留。图为武警在经贸委办公楼前执勤。

改革后除国务院办公厅外，国务院组成部门共有 28 个。但是，这次改革仍然遗留了一些问题，如行政管理体制中的权力分散和配置不合理的现象仍然比较突出，与日益完善的市场经济体制和服务经济社会发展的要求仍然存在不相适应的一面。针对这些问题，2008 年初，中国国务院制定了新的机构改革方案，同年 3 月中国十一届全国人大一次会议审议通过了关于政府机构改革方案的决定。这标志着又一轮机构改革的开始。

这次机构改革的主要任务是，围绕转变政府职能和理顺部门职责关系，探索实行职能有机统一的大部门体制，合理配置宏观调控部门职能，加强能源环境管理机构，整合完善工业和信息化、交通运输行业管理体制，以改善民生为重点加强与整合社会管理和公共服务部门。这次改革方案包括以下方面。第一，合理配置宏观调控部门职能。国家发展和改革委员会减少微观管理事务和具体审批事项，集中精力抓好宏观调控。国家发展和改革委员会、财政部、中国人民银行等部门建立健全协调机制，形成更加完善的宏观调控体系。第二，加强能源管理机构。设立高层次议事协调机构国家能源委员会。组建国家能源局，由国家发展和改革委员会管理。第三，组建工业和信息化部。第四，组建交通运输部。第五，组建人力资源和社会保障部。第六，组建环境保护部。第七，组建住房和城乡建设部。第八，国家食品药品监督管理局改由卫生部管理。明确卫生部承担食品安全综合协调、组织查处食品安全重大事故的责任。通过这轮改革和调整，除国务院办公厅外，国务院组成部门设置为27个。

随后，按照中央的总体部署，地方机构改革也渐次展开。至2009年上半年，省级政府机构改革基本完成，各省（区、市）政府厅局机构得到不同程度的精简，全国共减少局级机构80多个，朝着建立职能有机统一的大部门体制迈出关键一步。至2010年底，市县政府机构改革也陆续到位。

经过2003年和2008年两次机构改革，中国建立了以宏观调控部门、市场监管部门、社会管理和公共服务部门为主体的政府机构框架，机构设置和职责体系趋于合理。这标志着中国政府管理体制进一步向职能有机统一的大部门体制迈进。但同时应该看到，中国政府机构设置方面还存在不少问题，如：职能转变仍不到位，政府各类机构仍然

2008年3月11日下午，十一届全国人大一次会议举行第四次全体会议，听取关于国务院机构改革方案的说明。图为会议结束后，代表们边走边议改革方案。

偏多，职能交叉、权责脱节的问题没有根本解决，政府管理方式、行政效能、行政成本控制存在许多不足。解决这些问题是中国政府的重要任务。

按政府综合管理职能合并政府部门，组成超级大部的政府组织体制，是中国行政体制改革的既定方向。大部制最基本的一个特点是，扩大部门管理的业务范围，把多种内容有联系的事务交由一个部管辖，从而最大限度地避免政府职能交叉、政出多门、多头管理，提高行政效率，降低行政成本。在多次改革的基础上，2013 年 3 月，中国政府启动了新一轮机构改革，进一步整合了职能相近或相似的机构，减少国务院组成部门，朝着大部制方向又迈进了一步。迄今，中国行政体制改革的任务并没有完成，大部制还没有完全建立起来。

全方位重构机构职能体系

改革开放以来，中国先后进行了 1982 年、1988 年、1993 年、1998 年、2003 年、2008 年、2013 年等七次大规模的政府机构改革，让世界见证了中国政府用改革创新精神推动现代政府建设的步伐。这是一场中国特色社会主义行政体制改革，推动了国务院行政系统治理结构战略性转型。国务院行政组织系统稳步地实现了结构性革新，机构总量从改革开放初期的 100 个工作部门，到现在的 25 个组成部门，打破了"精简－膨胀－再精简－再膨胀"的怪圈。随着改革的逐步深入，中国的政府机构职能和设置越来越优化，政府行政效能得以提升，为推动中国市场经济发展，为加快中国社会建设提供了制度保障。

在前七次改革的基础上，2018 年 3 月 4 日，中共中央印发了《深化党和国家机构改革方案》。这次机构改革的具体方案如下：

（一）深化中共中央机构改革。1. 组建国家监察委员会。同中央纪律检查委员会合署办公，实行一套工作机构、两个机关名称。不再

2018 年 4 月 19 日，由中央电视台（中国国际电视台）、中央人民广播电台、中国国际广播电台整合组建的中央广播电视总台正式揭牌。

保留监察部、国家预防腐败局。2. 组建中央全面依法治国委员会。中央全面依法治国委员会办公室设在司法部。3. 组建中央审计委员会。中央审计委员会办公室设在审计署。4. 中央全面深化改革领导小组、中央网络安全和信息化领导小组、中央财经领导小组、中央外事工作领导小组改为委员会。5．组建中央教育工作领导小组。中央教育工作领导小组秘书组设在教育部。6. 组建中央和国家机关工作委员会。不再保留中央直属机关工作委员会、中央国家机关工作委员会。7. 组建新的中央党校（国家行政学院）。将中央党校和国家行政学院的职责整合，组建新的中央党校（国家行政学院）。8. 组建中央党史和文献研究院。不再保留中央党史研究室、中央文献研究室、中央编译局。9. 中央组织部统一管理中央机构编制委员会办公室。10. 中央组织部统一管理公务员工作。不再保留单设的国家公务员局。11. 中央宣传部统一管理新闻出版工作。12. 中央宣传部统一管理电影工作。

13. 中央统战部统一领导国家民族事务委员会。14. 中央统战部统一管理宗教工作。不再保留单设的国家宗教事务局。15. 中央统战部统一管理侨务工作。不再保留单设的国务院侨务办公室。16. 优化中央网络安全和信息化委员会办公室职责。17. 不再设立中央维护海洋权益工作领导小组。有关职责交由中央外事工作委员会及其办公室承担。18. 不再设立中央社会治安综合治理委员会及其办公室。有关职责交由中央政法委员会承担。19. 不再设立中央维护稳定工作领导小组及其办公室。有关职责交由中央政法委员会承担。20. 将中央防范和处理邪教问题领导小组及其办公室职责划归中央政法委员会、公安部。

（二）深化全国人大机构改革。1. 组建全国人大社会建设委员会。2. 全国人大内务司法委员会更名为全国人大监察和司法委员会。3. 全国人大法律委员会更名为全国人大宪法和法律委员会。

（三）深化国务院机构改革。1. 组建自然资源部。不再保留国土资源部、国家海洋局、国家测绘地理信息局。2. 组建生态环境部。不

2018年4月3日，新组建的中华人民共和国农业农村部在北京正式挂牌。

再保留环境保护部。3.组建农业农村部。不再保留农业部。4.组建文化和旅游部。不再保留文化部、国家旅游局。5.组建国家卫生健康委员会。不再保留国家卫生和计划生育委员会。不再设立国务院深化医药卫生体制改革领导小组办公室。6.组建退役军人事务部。7.组建应急管理部。不再保留国家安全生产监督管理总局。8.重新组建科学技术部。不再保留单设的国家外国专家局。9.重新组建司法部。不再保留国务院法制办公室。10.优化审计署职责。不再设立国有重点大型企业监事会。11.组建国家市场监督管理总局。不再保留国家工商行政管理总局、国家质量监督检验检疫总局、国家食品药品监督管理总局。12.组建国家广播电视总局。不再保留国家新闻出版广电总局。13.组建中央广播电视总台。撤销中央电视台（中国国际电视台）、中央人民广播电台、中国国际广播电台建制。对内保留原呼号，对外统一呼号为"中国之声"。14.组建中国银行保险监督管理委员会。不再保留中国银行业监督管理委员会、中国保险监督管理委员会。15.组建国家国际发展合作署。16.组建国家医疗保障局。17.组建国家粮食和物资储备局。不再保留国家粮食局。18.组建国家移民管理局。19.组建国家林业和草原局。不再保留国家林业局。20.重新组建国家知识产权局。21.国务院三峡工程建设委员会及其办公室、国务院南水北调工程建设委员会及其办公室并入水利部。不再保留国务院三峡工程建设委员会及其办公室、国务院南水北调工程建设委员会及其办公室。22.调整全国社会保障基金理事会隶属关系。将全国社会保障基金理事会由国务院管理调整为由财政部管理。23.改革国税地税征管体制。将省级和省级以下国税地税机构合并。

（四）深化全国政协机构改革。1.组建全国政协农业和农村委员会。2.全国政协文史和学习委员会更名为全国政协文化文史和学习委员会。3.全国政协教科文卫体委员会更名为全国政协教科卫体委员会。

（五）深化行政执法体制改革。1.整合组建市场监管综合执法队伍。

2.整合组建生态环境保护综合执法队伍。3.整合组建文化市场综合执法队伍。4.整合组建交通运输综合执法队伍。5.整合组建农业综合执法队伍。

（六）深化跨军地改革。1.公安边防部队改制。公安边防部队不再列武警部队序列，全部退出现役。2.公安消防部队改制。公安消防部队不再列武警部队序列，全部退出现役。3.公安警卫部队改制。公安警卫部队不再列武警部队序列，全部退出现役。4.海警队伍转隶武警部队。5.武警部队不再领导管理武警黄金、森林、水电部队。6.武警部队不再承担海关执勤任务。

从改革方案可以看出，与以往七次机构改革不同，这次机构改革不局限于国务院或者行政层面的机构改革和职能优化，而是涉及党、政府、人大、政协、司法、军队、事业单位、群团、社会组织、跨军地，是中央和地方各层级机构全方位的机构改革。这种机构职能体系的重构，以国家治理体系和治理能力现代化为导向，以推进党和国家机构

火箭军部队换发新式礼（常）服，火箭军某团通信营女兵相互整理军容。

职能优化协同高效为着力点，改革机构设置，优化职能配置，深化转职能、转方式、转作风，提高效率效能，为中国推进全面建成小康社会和全面建设社会主义现代化国家提供了有力的制度保障。

第四章 推进全面依法治国

　　亚里士多德曾提出"法治应当优于一人之治"。法治是与人治相对立的一种治国方略，是人类走向文明的重要标志，为世界各国人民所向往和追求。中国共产党和中国人民为争取民主、自由、平等，建设法治国家，进行了长期不懈的奋斗，深知法治的意义与价值。不过，一个国家的法治总是由它的国情和社会制度所决定并与其相适应，生搬硬套别国模式是行不通的。新中国成立以来，中国共产党和中国人民为追求依法治国，建设社会主义法治国家，进行了不懈努力和探索，取得了来之不易的成果。

中国立法体制与法律体系

与联邦制或邦联制国家不同，中国是统一的、多民族的、单一制的社会主义国家。为维护国家法制统一，体现全体人民的共同意志和整体利益，中国实行统一而又分层次的立法体制。

在中国，国家立法权由全国人民代表大会及其常务委员会行使。全国人民代表大会制定和修改刑事法律、民事法律、国家机构组织法和其他基本法律。全国人民代表大会常务委员会制定和修改除应当由全国人民代表大会制定的法律以外的其他法律，并可以对全国人民代表大会制定的法律进行部分补充和修改，但是补充和修改不得同该法律的基本原则相抵触。

但是，考虑到中国幅员辽阔，情况复杂，各地发展不平衡，中国法律还规定，除全国人民代表大会及其常务委员会制定法律外，国务院根据宪法和法律，可以制定行政法规；省、自治区、直辖市的人民代表大会及其常务委员会在不同宪法和法律、行政法规相抵触的前提下，可以制定地方性法规，批准较大的市的人民代表大会及其常务委员会制定的地方性法规；民族自治地方的人民代表大会有权依照当地民族的政治、经济和文化的特点，制定自治条例和单行条例。此外，国务院各部门和具有行政管理职能的直属机构根据法律和行政法规，可以在其职权范围内制定部门规章；省、自治区、直辖市和较大的市的人民政府，根据法律、行政法规和本省、自治区、直辖市的地方性法规，可以依法制定规章。

2018 年 12 月 10 日，湖北省宜昌市六届人大常委会第十四次会议表决通过了《宜昌市非物质文化遗产保护条例》。图为民间艺人表演传统婚俗礼仪。

　　为使法律符合公众的根本利益和国家的整体利益，中国法律对立法程序和制定法规程序作了详细的规定。全国人民代表大会常务委员会审议法律案一般实行"三审制"，即法律案一般应当经过三次常务委员会会议审议后再交付表决，对重大的、意见分歧较大的法律草案，审议的次数可以超过三次，如《物权法》草案经过全国人民代表大会常务委员会七次审议后，才提请第十届全国人民代表大会第五次会议审议通过。提请全国人民代表大会审议的法律草案，要经过代表大会会议、代表团全体会议、代表小组会议的反复审议；提请全国人民代表大会常务委员会审议的法律草案，要经过常务委员会全体会议、分组会议的反复审议。每部法律的出台，都要经过反复审议，充分讨论，基本达成一致意见后，再提请全国人民代表大会或者全国人民代表大会常务委员会的全体会议表决。这种多次审议的过程，就是通过协商以求充分表达各种利益诉求，并力求把各种利益关系调整好、平衡好

2018年8月27日下午，十三届全国人大常委会第五次会议在北京人民大会堂举行。会议听取了全国人大宪法法律委副主任委员徐辉作的关于个人所得税法修正案草案审议结果的报告。

的过程。经过充分协商再提请表决的程序民主，体现了中国人民代表大会制度的鲜明特点。

在设置严密立法程序基础上，中国立法机构还高度重视在立法过程中发扬民主，集中民智，反映民意。譬如，在提出法律草案和行政法规草案、地方性法规草案时，通常会采用召开座谈会、论证会、听证会等多种形式，广泛听取各方面意见，增强立法的透明度和公众参与度。关系公众切身利益或者涉及需要设立普遍的公民义务的法律、法规草案，立法机构还会在新闻媒体上全文公布，征求全体人民的意见。不仅如此，法律、法规通过后，立法机构会及时在各级人大及政府公报、政府网站、公众媒体上公开刊登。近年来，全国人民代表大会常务委员会和国务院分别将《物权法》《劳动合同法》《就业促进法》《物业管理条例》等多部法律草案和行政法规草案向社会公布，广泛征求各方面意见；全国人民代表大会常务委员会还就修改《文物保护法》《个人所得税法》等召开论证会和听证会。这些做法得到人民群众的高度评价，增加了立法的透明度。

对于不同层级的法律，中国赋予了不同的效率，以保证国家法制统一和法律规范之间的协调运行。在中国，宪法具有最高的法律效力，一切法律、行政法规、地方性法规、自治条例和单行条例、规章都不得与宪法相抵触；法律的效力高于行政法规、地方性法规、规章；行政法规的效力高于地方性法规、规章；地方性法规的效力高于本级和下级地方政府规章。法律规定了法规和规章的备案审查制度：行政法规报全国人民代表大会常务委员会备案；地方性法规报全国人民代表大会常务委员会和国务院备案；部门规章和地方政府规章报国务院备案。全国人民代表大会有权改变或者撤销全国人民代表大会常务委员会制定的不适当的法律；全国人民代表大会常务委员会有权撤销同宪法和法律相抵触的行政法规，有权撤销同宪法、法律和行政法规相抵触的地方性法规等；国务院有权改变或者撤销不适当的部门规章和地方政府规章。全国人民代表大会授权香港、澳门特别行政区依照特别行政区基本法的规定享有立法权；特别行政区的任何法律，均不得同特别行政区基本法相抵触。

中国法律还规定了对行政法规、地方性法规、自治条例和单行条例的合宪性和合法性审查的程序：国务院、中央军事委员会、最高人民法院、最高人民检察院和各省、自治区、直辖市的人民代表大会常务委员会认为行政法规、地方性法规、自治条例和单行条例同宪法或者法律相抵触的，可以向全国人民代表大会常务委员会书面提出进行审查的要求；其他国家机关和社会团体、企业事业组织以及公民也可以向全国人民代表大会常务委员会书面提出进行审查的建议。

如果说，科学、民主的立法体制是中国立法工作的制度保障，那么，有法可依则是法治中国的前提。经过数十年的不懈努力，中国已经形

2018 年 11 月 23 日，江苏省十三届人大常委会第六次会议举行第三次全体会议，《南京市国家公祭保障条例》获全票通过。图为 11 月 19 日，参观者在侵华日军南京大屠杀遇难同胞纪念馆参观。

成以宪法为核心的具有自身特色的社会主义法律体系。当代中国的法律体系，主要由七个法律部门和三个不同层级的法律规范构成。七个法律部门是：宪法及宪法相关法，民法商法，行政法，经济法，社会法，刑法，诉讼与非诉讼程序法。三个不同层级的法律规范是：法律，行政法规，地方性法规、自治条例和单行条例。截至 2012 年底，中国已制定现行宪法和有效法律 243 部、行政法规 721 部、地方性法规9200 部，涵盖社会关系各个方面的法律部门已经齐全，各个法律部门中基本的、主要的法律已经制定，相应的行政法规和地方性法规比较完备，法律体系内部总体做到科学和谐统一。在此基础上，自 2013年初以来的五年左右时间，中国第十二届全国人大及其常委会着重围绕宪法、国家安全、社会主义市场经济、改善民生、特别行政区宪制秩序等重点领域加强立法工作，先后制定法律 25 件，修改法律 127

件次，通过有关法律问题和重大问题的决定 46 件次，作出法律解释 9 件，进一步健全完善以宪法为核心的中国特色社会主义法律体系。

中国的法律体系，既与人类政治文明发展的普遍性原则相一致，又与中国社会主义初级阶段的基本国情相适应，与社会主义的根本任务相协调，具有鲜明的中国特色。这一法律体系的本质是以人为本，反映人民的共同意志，保障人民的根本利益。这一法律体系与国家经济发展和社会进步相适应，为国家的科学发展、和谐发展、和平发展提供法律保障。

中国特色社会主义法律体系是开放的和发展的。中国正处在社会转型期，法律体系具有阶段性和前瞻性特点。中国将一如既往地根据经济社会发展需要，继续制定新的法律和修改原有的法律，使法律体系不断健全和完善。

全面依法治国的提出与改进立法工作

随着中国特色法律体系的基本形成，2012 年中共十八大之后，中国共产党适新形势和新任务的要求，从保证国家长治久安考虑，第一次提出全面依法治国的新理念。特别是在 2014 年，中共十八届四中全会通过《中共中央关于全面推进依法治国若干重大问题的决定》，强调法治在国家治理中的重要性，明确全面依法治国的总目标和总蓝图、路线图、施工图。这是中共历史上第一次专题研究、专门部署全面依法治国的中央全会，在中国法治史上具有重大的里程碑意义。

为什么说具有里程碑意义？主要源于以下几个方面原因。

第一次确立建设中国特色社会主义法治体系、建设社会主义法治国家的全面依法治国总目标。提出全面依法治国的总目标，是中国共产党对中国特色社会主义法治理论和法治实践的重大创新和杰出贡献。这个总目标既明确了全面依法治国的性质和方向，统一了全党全

2017 年 12 月 11 日，新疆乌鲁木齐市水磨沟区食品药品监督管理局会同该区商务局进行联合执法行动，依法查处生产经营假冒伪劣酒类产品的违法犯罪行为。

国各族人民的思想和行动，又突出了全面依法治国的工作重点和总抓手，对全面依法治国具有纲举目张的重要指导意义。

第一次把依法治国、依法执政、依法行政以及法治国家、法治政府、法治社会作为一个整体加强建设。全面依法治国是一项战略性、系统性、全局性工程，必须做到统筹谋划、把握重点、整体推动。中共十八届三中全会提出建设法治中国要坚持"三个共同推进""三个一体建设"，十八届四中全会进一步将其确立为全面依法治国的工作布局，鲜明展现出中共十八大以来全面依法治国的新擘画和新蓝图。

第一次提出全面推进科学立法、严格执法、公正司法、全民守法。中国共产党针对全面依法治国面临的新形势和新任务的要求，提出了科学立法、严格执法、公正司法、全民守法的"新十六字方针"，既涵盖了立法、执法、司法、守法四个法治建设的基本环节，又明确了每个环节的重点要求，形成了新时期全面依法治国的基本格局。

第一次明确依法治国与制度治党、依规治党统筹推进。全面依法治国，既要求中国共产党依据宪法法律治国理政，也要求中国共产党依据党内法规管党治党。依规治党是依法治国的前提和政治保障，二者统一于中国特色社会主义法治的伟大实践。

2014年之后，中国共产党围绕全面依法治国的总目标和总蓝图，稳步推进中国特色社会主义法治体系建设。经过几年的努力，中国各大体系彼此衔接、相互作用、运转协调的法治系统日渐成型，科学合理、有序运行、高效权威的法治秩序基本构建，依法治国的格局实现了重大转型升级，即从"摸着石头过河"到顶层设计、科学布局的升级，从建设法律体系到建设法治体系的升级，从法律大国到法治强国的升级，从有法可依到良法善治的升级，从形式法治到形式法治与实质法治有机结合的升级。这都为建设法治中国的高远目标奠定了扎实基础。

对于中国法治建设而言，实施全面依法治国的理念，建设中国特色社会主义法治体系，首要的工作就是加强重点领域立法，拓展人民有序参与立法途径，完善以宪法为核心的中国特色社会主义法律体系，保证国家和社会生活各方面有法可依。这既是全面依法治国的前提和基础，也是中国发展进步的制度保障。总体上说，中国特色社会主义法律体系已经形成，国家经济社会各个方面基本实现了有法可依。同时也应看到，随着中国改革走向全面深化，这就需要依法治国全面推进，也相应地需要加强和改进立法工作。2013年2月，中共中央总书记习近平在中央政治局集体学习时指出，"我们要完善立法规划，突出立法重点，坚持立改废并举，提高立法科学化、民主化水平，提高法律的针对性、及时性、系统性。"这为现阶段中国的立法工作确定了基调。在这一原则指导下，中共十八大以来，中国的立法工作取得了突出成绩，5年左右时间，共制定或修改法律48部、行政法规42部、地方性法规2926部、规章3162部，同时通过"一揽子"方式先后修

2018 年 12 月 13 日，湖北省宜昌市举行《长江支流黄柏河流域保护条例》实施一周年新闻发布会。图为夷陵区境内的长江支流黄柏河呈现的清水廊道风景。

订法律 57 部、行政法规 130 部。当代中国的经济、政治、社会、文化、生态等诸多领域，无法可依的现象正在逐渐减少。

　　尤其值得关注的是，近年来，中国积极探索法的编纂工作，启动了民法典编纂、颁布了民法总则。2013 年之后，十二届全国人大及其常委会将编纂民法典和制定民法总则作为立法工作的重点任务。民法典将由总则编和各分编组成。《中华人民共和国民法典·总则》经过十二届全国人大常委会前后三次审议，获得通过，自 2017 年 10 月 1 日起实施。民法总则就民法基本原则、民事主体、民事权利、民事法律行为、民事责任和诉讼时效等基本民事法律制度作出规定，构建了中国民事法律制度的基本框架，为编纂民法典奠定了基础。民法总则表决通过，标志着中国民法典编纂工作第一步已经完成。应该说，法的编纂有助于推动中国法制统一，促进法的体系完善，有助于实现法的科学化、系统化。

拓展人民有序参与立法途径，是中国立法工作和法制建设的鲜明特点。开门立法是立法工作贯彻群众路线的具体体现，也是确保立法质量的重要途径。近年来，中国的立法部门通过网络和调研等多种渠道征集民意，拓展人民有序参与立法渠道，完善立法建议项目公开征集意见、法律法规草案公开征求意见等制度，充分调动公众关注立法、支持立法、参与立法的积极性，广泛凝聚共识，体现民主立法科学立法。不同社会群体对法律的关注点不同，使得一些问题上的主张不可避免地产生冲突。对此，中国的立法机关积极统筹协调，发挥立法在平衡、调整、规范社会各方利益关系方面的重要作用。此外，开门立法也有利于增强全社会尊重和保障人权意识，健全公民权利救济渠道和方式。

人权得到法制的充分保障

消灭贫穷落后，让每个人享有充分的人权，建设富强民主文明和谐的国家，是中国共产党和中国政府不懈的奋斗目标。中国是世界上最大的发展中国家，中国发展人权事业的基本立场是：坚持生存权、发展权的首要地位，把发展作为第一要务，同时不断发展公民的政治、经济、社会、文化权利，努力实现人的全面发展。

多年来，中国以宪法为根本依据，先后制定和完善了一系列保障人权的法律制度，从而推动了中国人权保障事业走向法律化、制度化。

用法律保障生命权。中国《宪法》《刑法》《民法通则》等法律对保障公民生命权作了基本规定。《安全生产法》《职业病防治法》等法律法规，对保护劳动者的生命安全和身体健康作出规定。根据本国情况，中国在法律上保留了死刑，但坚持"少杀、慎杀"的政策，严格控制和慎重适用死刑，确保死刑仅适用于极少数罪行极其严重的犯罪分子。犯罪的时候不满18周岁的人和审判的时候怀孕的妇女，不适用死刑。中国《刑法》还规定了有利于严格控制死刑适用的死刑缓期二年执行的制度，以减少实际执行死刑的人数。

用法律保障人身自由、人格尊严。中国《宪法》规定，公民的人身自由不受侵犯。任何公民，非经人民检察院批准或者决定或者人民法院决定，并由公安机关执行，不受逮捕。禁止非法拘禁和以其他方法非法剥夺或者限制公民的人身自由。公民的住宅不受侵犯，禁止非法搜查或者非法侵入公民的住宅。公民的通信自由和通信秘密受法律保护，禁止非法检查公民的通信。《刑事诉讼法》明确禁止刑讯逼供，对于拘留、逮捕、搜查取证等涉及人身自由和安全的强制方法和手段，规定了严格的法律程序。《刑法》对于司法人员的刑讯逼供罪也专门作了规定。《立法法》和《行政处罚法》还规定，行政法规和地方性法规均不得设定限制人身自由的处罚；限制人身自由的强制措施和处罚，只能由法律设定。国务院于 2003 年颁布《城市生活无着的流浪乞讨人员救助管理办法》，同时废止了《城市流浪乞讨人员收容遣送

2008 年 8 月 30 日，时任国际残奥委会主席菲利普·克雷文和时任中国残疾人联合会主席邓朴方在北京残奥村为《残疾人权利公约》纪念墙揭幕。

办法》。《宪法》规定公民的人格尊严不受侵犯，禁止用任何方法对公民进行侮辱、诽谤和诬告陷害。《民法通则》规定了公民的姓名权、名誉权、肖像权等各种人格权。

用法律保障平等权。中国宪法确立了公民在法律面前一律平等的原则。任何公民都平等地享有宪法和法律规定的权利，同时平等地履行宪法和法律规定的义务；在适用法律时，对于任何人的保护或者惩罚，都是平等的，不因人而异；任何组织或者个人都不得有超越宪法和法律的特权，一切违反宪法和法律的行为都必须予以追究。《宪法》和《民族区域自治法》规定，各民族一律平等，国家保障各少数民族的合法权利和利益，禁止对任何民族的歧视和压迫。各民族都有使用和发展自己的语言文字的自由，都有保持或者改革自己的风俗习惯的自由。《宪法》和《妇女权益保障法》等法律规定，妇女在政治的、经济的、文化的、社会的和家庭的生活等方面享有同男子平等的权利。

用法律保障政治权利。中国宪法规定，国家的一切权力属于人民。《立法法》规定，只有法律才能设定对公民政治权利的剥夺。选举权是公民重要的政治权利。宪法和法律规定，年满 18 周岁的中国公民，除依法被剥夺政治权利外，不分民族、种族、性别、职业、家庭出身、宗教信仰、教育程度、财产状况、居住期限，都有选举权和被选举权。根据《选举法》和《地方各级人民代表大会和地方各级人民政府组织法》的规定，选民或者代表 10 人以上联名，可以推荐代表候选人，并与政党、社会团体推荐的代表候选人具有同等法律地位；各级人民代表大会代表、地方各级人民代表大会常务委员会副主任和人民政府副职领导人员，一律由差额选举产生。地方各级人民代表大会常务委员会主任、人民政府正职领导人员、法院院长和检察院检察长也由差额选举产生；如果提名的候选人只有一人，也可以等额选举。宪法和法律还保障公民言论、出版、集会、结社、游行、示威的自由。《选举法》《集会游行示威法》等法律以及有关出版、社团登记管理方面的行政法规，为公民的政治权利和自由提供了法制保障。国务院颁布的《信访条例》，通过强化政府信访工作责任来依法保障公民的批评、建议、申诉、控告、检举权利。

用法律保障宗教信仰自由。中国宪法规定，公民有宗教信仰自由，任何国家机关、社会团体和个人不得强制公民信仰宗教或者不信仰宗教，不得歧视信仰宗教的公民和不信仰宗教的公民。国家保护正常的宗教活动。任何人不得利用宗教进行破坏社会秩序、损害公民身体健康、妨碍国家教育制度的活动。宗教团体和宗教事务不受外国势力的支配。国务院颁布的《宗教事务条例》，依法保护宗教团体、宗教活动场所和信教公民的合法权益和正常的宗教活动。改革开放以来，中国公民的宗教信仰自由得到了充分尊重和保障。为了尊重在中国境内的外国人的宗教信仰自由，依法保护和管理境内外国人的宗教活动，依法保护境内外国人在宗教方面同中国宗教界进行的友好往来和文化学术交流活动，1994年国务院还颁布了《境内外国人宗教活动管理规定》。

用法律保障劳动者权益。中国《劳动法》《劳动合同法》《劳动争议调解仲裁法》《就业促进法》和《职工带薪年休假条例》《劳动保障监察条例》等法律法规，规范和促进了就业，合理界定了用人单位和劳动者的权利和义务，维护了劳动者的合法权益。《工伤保险条例》《失业保险条例》《社会保险费征缴暂行条例》以及《企业职工生育保险试行办法》等法规、规章，保证了劳动者在养老、失业、患病、工伤和生育等情况下能够享有必要的物质帮助。《残疾人就业条例》《女职工劳动保护规定》《禁止使用童工规定》等法规和规章，对不同类型弱势群体的身心健康和合法权益给予特别保护。

用法律保障经济、社会、文化和其他权利。中国宪法规定，公民的合法的私有财产不受侵犯。《物权法》规定，国家、集体、私人的物权和其他权利人的物权受法律保护，任何单位和个人不得侵犯。《老

2019 年 1 月 2 日，云南省昆明市盘龙区人民法院举行涉民生案件案款集中发放大会，向 53 件执行案件申请人发放 3969 万元（人民币）执行款，其中现金发放 500 万元（人民币）。图为申请执行人送锦旗。

年人权益保障法》《母婴保健法》《未成年人保护法》《残疾人保障法》等法律，加强对特殊群体的保护。《城市居民最低生活保障条例》《农村五保供养工作条例》等法规，规定对城市贫困人口和农村无劳动能力、无收入来源又无人赡养、抚养、扶养的农民提供基本生活保障。《军人抚恤优待条例》和《退伍义务兵安置条例》等法规，规定了国家对退役和伤亡军人及家属的抚恤优待制度。公民受教育的权利受宪法和法律保护。《义务教育法》强化了国家保障义务教育实施的责任，将义务教育全面纳入财政保障范围，保障所有适龄儿童、少年平等接受义务教育的权利。《宪法》还规定，公民有进行科学研究、文学艺术创作和其他文化活动的自由。

多年来，中国已参加数十项项国际人权公约，其中包括《消除一切形式种族歧视国际公约》《消除对妇女一切形式歧视公约》《禁止酷刑和其他残忍、不人道或有辱人格的待遇或处罚公约》《儿童权利

山区孩子领取免费教科书。

公约》《经济、社会及文化权利国际公约》等核心国际人权公约。中国政府认真履行所承担的相关义务，积极提交履约报告，充分发挥国际人权公约在促进和保护本国人权方面的积极作用。

　　建设社会主义法治国家，不断推动人权法治化保障迈上新台阶，是中国全面依法治国基本方略的出发点和落脚点。2012年中共十八大以来，中国共产党和中国政府坚持以人民为中心的发展思想，从推进国家治理体系和治理能力现代化的高度，作出了全面依法治国的重大战略部署，将尊重和保障人权置于社会主义法治国家建设更加突出的位置，开启了中国人权法治化建设的新时代。

　　在推进全面依法治国的伟大进程中，中国将人权保障贯穿于科学立法、严格执法、公正司法、全民守法等各个环节：尊重和保障人权成为立法的一条重要原则，以宪法为核心的中国特色社会主义法律体系不断完善；依法行政深入推进，行政权力运行更加规范；深化司法改革，努力让人民群众在每一个司法案件中感受到公平正义；法治社会建设向纵深发展，全社会法治观念和人权法治保障意识显著增强；中国共产党坚持依法执政，为人权法治化保障提供了坚强保证。

同时，2012 年中共十八大后，中国不断完善人权司法保障机制。具体举措包括以下方面。（1）全面废止了劳动教养制度。2013 年 12 月，全国人大常委会通过《关于废止有关劳动教养法律规定的决定》。（2）健全错案防止、纠正、责任追究机制。中央政法单位出台《关于切实防止冤假错案的规定》等文件，人民法院落实罪刑法定、疑罪从无等法律原则，2013、2014 年共依法宣告 1603 名被告人无罪。（3）依法保障律师执业权利。中央政法单位出台《关于依法保障律师执业权利的规定》，细化法律规定，完善救济机制，强化律师依法行使执业权利的制度保障。（4）逐步减少适用死刑罪名。全国人大常委会 2015 年 8 月审议通过的刑法修正案（九）取消了伪造货币、集资诈骗等九个犯罪的死刑，并进一步提高了对死缓罪犯执行死刑的条件。（5）规范涉案财物处置的司法程序，等等。经过近年来的不断努力，中国的人权法治化保障取得巨大成就，中国人民的各项基本权利和自由得到更加切实的保障，中国特色社会主义人权发展道路越走越宽广。中国正在以前所未有的伟大实践，丰富着人类文明的多样性，为人类社会发展贡献中国智慧、提供中国方案。

改革司法体制与保证司法公正

维护司法公正和社会正义，是现代法治国家的普遍要求，也是中国实施依法治国的重要目标。多年来，中国致力于推动司法体制改革，建立完善审判制度、法律监督制度，制定《仲裁法》《律师法》《公证法》《劳动争议调解仲裁法》等法律，建立起仲裁制度、律师制度、公证制度、法律援助制度和司法考试制度等制度，从而形成具有中国特色的现代司法体系，捍卫法律面前人人平等的权利。

2016 年 9 月 24 日，2016 年国家司法考试南京考区南京田家炳高级中学考点，考生经过安检后开始进入考场。

按照《宪法》《人民法院组织法》的规定，中国人民法院是中国的审判机关，享有独立的审判权，不受行政机关、社会团体和个人的干涉。中国审判机关包括最高人民法院、地方各级人民法院和军事法院等专门人民法院。地方各级人民法院分为基层人民法院、中级人民法院、高级人民法院。最高人民法院是最高审判机关，监督地方各级人民法院和专门人民法院的审判工作，上级人民法院监督下级人民法院的审判工作。当前，中国已经形成比较完善的民事、行政和刑事三大审判体系。具体而言，主要包括以下几个制度。

公开审判制度。人民法院审判案件实行依法公开、及时公开的原则。离婚案件和涉及商业秘密的民事诉讼案件，当事人申请不公开审理的，可以不公开审理。其他的案件，除涉及国家秘密、个人隐私和未成年人犯罪外，人民法院审理案件一律公开进行。对公开开庭审理的案件预先公告，允许公民和新闻媒体记者旁听审理过程。人民法院还主动邀请人大代表和政协委员旁听案件的审理，在审理过程中公开举证、质证，公开审判，在法定时限内快速完整地公开与保护当事人权利有关的立案、审判、执行工作各重要环节的有效信息。

合议制度。人民法院审判第一审案件，除简单的民事案件、轻微的刑事案件和法律另有规定的案件可以适用简易程序由审判员一人独任审判外，由审判员组成合议庭或者由审判员和人民陪审员组成合议庭进行；审判上诉和抗诉案件，由审判员组成合议庭进行。合议庭的成员人数，必须是单数。

人民陪审员制度。为保障公民依法参加审判活动，促进司法公正，除适用简易程序审理的案件和法律另有规定的案件外，人民法院审理社会影响较大的民事、行政和刑事诉讼案件，以及刑事案件被告人、民事案件原告或者被告、行政案件原告申请由人民陪审员参加的一审案件，由人民陪审员和法官组成合议庭进行。人民陪审员依法参加合议庭审判案件，除不得担任审判长外，与合议庭其他成员享有同等的权利，承担同等的义务，并共同对事实认定、法律适用独立行使表决权。

辩护制度。为了保障犯罪嫌疑人、被告人的人权，确保刑事诉讼

2018 年 11 月 2 日，海南省海口市中级人民法院对一起贩毒案进行一审公开宣判。

2014 年 6 月 13 日，山东省枣庄市市中区人民法院一名法官与两名人民陪审员一起参加案件庭审。

程序正义，刑事案件的犯罪嫌疑人、被告人依法享有辩护权，人民法院有义务保证被告人获得辩护。犯罪嫌疑人、被告人除自己行使辩护权外，还可以委托一至二人作为辩护人。辩护人依据事实和法律提出犯罪嫌疑人、被告人无罪、罪轻或者减轻、免除其刑事责任的材料和意见，维护犯罪嫌疑人、被告人的合法权益。

诉讼代理制度。在民事、行政诉讼活动中，无诉讼行为能力人由其监护人作为法定代理人代为诉讼，法定代理人之间相互推诿代理责任的，由人民法院指定其中一人代为诉讼。当事人、法定代理人可以委托一至二人作为诉讼代理人。在刑事诉讼活动中，公诉案件的被害人及其法定代理人或者近亲属、自诉案件的自诉人及其法定代理人、附带民事诉讼的当事人及其法定代理人均有权委托诉讼代理人。律师、当事人的近亲属、有关的社会团体或者所在单位推荐的人，经人民法院许可的其他公民，都可以被委托为诉讼代理人。诉讼代理人以当事人的名义参加诉讼活动，实现和维护当事人的合法权益。

回避制度。案件当事人如果认为审判人员与本案有利害关系或者与本案当事人有其他关系，可能影响对案件公正审理的，有权申请审判人员回避。审判人员如果是案件当事人、诉讼代理人的近亲属，或者认为自己与案件有利害关系或者其他关系的，必须回避。

司法调解制度。人民法院审理民事案件，依照"能调则调，当判则判，调判结合，案结事了"的原则，根据自愿、合法、民主的要求，在审判人员的主持下，采取调解的方式，促使双方当事人达成和解，解决民事权益的争议。比如在 2011 年，全国一审民事案件调解与撤诉结案率为 67.3%。

司法救助制度。对于经济确有困难的当事人，为维护自己合法权益而向人民法院提起民事、行政诉讼的，人民法院实行缓交、减交、免交诉讼费用的救助制度。最高人民法院制定的《关于对经济确有困难的当事人提供司法救助的规定》，依法保障弱势群体的诉讼权利。

两审终审的审级制度。地方各级人民法院第一审案件的判决或者裁定，在法定期限内，当事人可以依法向上一级人民法院上诉；当事人不上诉的，法定期满即发生法律效力。对上诉、抗诉的案件的判决和裁定，上一级人民法院作出的判决和裁定，除死刑案件需要最高人民法院复核外，都是终审判决和裁定。最高人民法院审判的第一审案件的判决和裁定，是终审判决和裁定。

死刑复核制度。死刑复核制度是独立于两审终审的审级制度以外的、对判处死刑的案件进行复查核准的重要制度。死刑除了依法由最高人民法院判决的以外，都应当报请最高人民法院核准。最高人民法院制定了《关于复核死刑案件若干问题的决定》，严格掌握和统一死刑适用的标准、统一死刑案件的证据标准，严格规范死刑复核程序，确保死刑案件的慎重与公正。从 2006 年下半年起，所有死刑二审案件全部开庭审理。

除建立完善的审判制度外，中国还建立起严格的监督检察机制。

执行法律监督权的是中国人民检察院。人民检察院依照《宪法》和《人民检察院组织法》等规定，享有独立的检察权，不受行政机关、社会团体和个人的干涉。中国检察机关包括最高人民检察院、地方各级人民检察院和军事检察院等专门人民检察院。最高人民检察院是最高检察机关，领导地方各级人民检察院和专门人民检察院的工作，上级人民检察院领导下级人民检察院的工作。

　　人民检察院的职责是维护司法公正和法律的正确实施。法律规定，人民检察院对叛国案、分裂国家案以及严重破坏国家的政策、法律、政令统一实施的重大犯罪案件，行使检察权；对国家工作人员利用职务贪污受贿、渎职侵权等直接受理的刑事案件，进行侦查；对公安机关提请批准逮捕的案件，依法决定是否批准逮捕；对公安机关移送起诉的案件，进行审查后，依法作出起诉或者不起诉的决定；对刑事案件提起公诉或支持公诉等。法律还规定，检察机关对人民法院的审判

2017年6月1日，广东省广州市中级人民法院公开宣判华润（集团）有限公司原党委书记、董事长宋林贪污、受贿一案，决定执行有期徒刑14年，并处罚金400万元。

活动、公安机关和国家安全机关的侦查活动、监狱的执法活动的合法性进行监督。各级人民检察院设立检察委员会，在检察长的主持下，讨论决定重大案件和其他重大问题。

在建立严格的审判制度和检察监督制度的同时，近些年来，中国开始对司法体制进行深度改革。如，建立健全人民调解、行政调解、司法调解的多元化矛盾调解机制。仅 2016 年一年内，中国的人民调解组织共调解纠纷 901.9 万件，调解成功率达 97.5%，其中医疗纠纷、道路交通、劳动争议等行业性、专业性矛盾纠纷 140.2 万件，接受法院、公安、信访等部门委托或移送调解的案件 51.1 万件，使绝大多数矛盾纠纷得到及时化解。

再如，提供司法救助和法律援助，有效缓解诉讼难、执行难问题。中国新颁布的《诉讼费用交纳办法》，平均降低诉讼费用 60%。新实施的《律师服务收费管理办法》，严格收费程序，严惩违法违规收费行为。近年来，国家对法律援助经费的投入逐年加大，中央财政和部分省级财政对贫困地区法律援助的转移支付制度已经建立。2012 年，全国办理法律援助案件首次突破 100 万件，受援人总数达 114 万余人，全国法律援助机构办理案件数量和受援人总数均大幅上涨 21%。此外，中国在强化司法权的监督制约、完善刑事司法制度等方面也做了大量的改革工作，积极解决影响司法公正的各种问题，尊重和保障当事人的人权。

中国的司法制度改革取得了很大进展，这是毫无疑问的，但是还有很多地方需要加以完善。2013 年 11 月，中共十八届三中全会第一次提出了全面深化改革的任务；2014 年，中央全面深化改革领导小组第三次会议审议通过《关于深化司法体制和社会体制改革的意见及贯彻实施分工方案》和《关于司法体制改革试点若干问题的框架意见》，明确了司法体制改革的任务和路径。

具体方案如下：

一是完善司法体制，推动实行审判权和执行权相分离的体制改革试点，推动省以下地方法院检察院人财物统一管理。完善刑罚执行制度，统一刑罚执行体制。改革司法机关人财物管理体制，探索实行法院、检察院司法行政事务管理权和审判权、检察权相分离。

二是设立最高人民法院巡回法庭，积极探索新的审判权运行机制。2016 年 11 月，中央全面深化改革领导小组第二十九次会议同意最高人民法院在深圳、沈阳设立第一、第二巡回法庭的基础上，在重庆市、西安市、南京市、郑州市增设巡回法庭。通过设立相对稳定的巡回法庭机构，实现重大行政案件、跨区域民商事案件就地审理，方便当事人开展诉讼活动，保护当事人合法权益，排除非法干预，维护司法公正。

三是完善司法人员分类管理和职业保障制度。中央全面深化改革领导小组会议审议通过《法官、检察官职务序列改革试点方案》《法官、检察官工资制度改革试点方案》，为建设专业化、职业化法官、检察官队伍提供制度保障。

四是健全防止人为干扰司法的制度。中国共产党和中国政府先后出台《关于领导干部干预司法活动、插手具体案件处理的记录、通报和责任追究规定》《关于进一步规范司法人员与当事人、律师、特殊关系人、中介组织接触交往行为的若干规定》《司法机关内部人员过问案件的记录和责任追究制度》《保护司法人员依法履行法定职责规定》等重要法规，建立多项防止干预干扰司法活动制度机制。这些法规特别规定，把党政领导干部干预司法活动的记录、责任追究制度扩大适用于任何单位或个人；建立健全司法人员履行法定职责保护机制；首次明确任何单位或者个人不得要求法官、检察官从事超出法定职责范围的事务；加强对司法人员特别是法官、检察官的履职安全保护，依法从严惩处干扰阻碍司法活动，威胁、报复陷害、侮辱诽谤、暴力伤害司法人员及其近亲属的行为。这些措施有效确保了审判机关、检察机关依法独立公正行使审判权、检察权，有利于在全社会建立"有权必有责、用权受监督、违法受追究、侵权须赔偿"的法治秩序。

五是推进以审判为中心的诉讼制度改革。这些改革的主要目的在于，发挥审判尤其是庭审在查明事实、认定证据、保护诉权、公正裁判中的重要作用，确保侦查、起诉、审判的案件事实证据经得起法律检验。

六是深化公安改革。中共中央办公厅和国务院办公厅联合印发《关于全面深化公安改革若干重大问题的框架意见》，提出建立系统完备、科学规范、运行有效的公安工作和公安队伍管理制度体系。

六是深化律师制度改革。中央全面深化改革领导小组会议审议通过《关于深化律师制度改革的意见》等法规，发挥律师在推动法治建设、依法维护公民和法人合法权益方面的重要作用。

至 2016 年 1 月，中国司法体制改革工作已经在全国 31 个省、自治区、直辖市全面推开。至 2017 年下半年，中国司法体制的改革任务基本完成。随着一系列司法改革举措的推出和改革任务的完成，中

2018年12月4日，在河北省邯郸市博物馆广场，律师向宪法进行集体宣誓。

国的司法质量、效率和公信力大幅提升，人民群众对公平正义的获得感有了明显增强。

总体上来说，经过新中国70年尤其是改革开放40年来的努力，中国正在建立起公正高效权威的社会主义司法制度，中国的司法机关的司法行为日益规范，审判机关、检察机关依法独立公正地行使审判权、检察权有了充分保证。这标志着中国司法已经走向民主和公开。

维护宪法权威与弘扬法治精神

宪法法律权威和公民法制意识，是衡量一个国家文明程度的重要标准。多年来，中国坚持不懈地开展法制宣传教育，弘扬法治精神，加强公民法制意识教育，推动公民树立法治观念，维护宪法法律权威，努力使全社会形成学法、守法、用法的良好风尚。

为什么要维护宪法法律权威？中华人民共和国宪法，是国家的根本法，具有最高权威。中国现行宪法是在1954年宪法的基础上，经

2018年12月5日，由四川省委宣传部、省人大常委会办公厅、省教育厅、省司法厅主办的2018年四川省"宪法宣传周"启动仪式在成都举行。

2018 年 3 月 16 日，湖北省宜昌市夷陵区第五届人民代表大会第四次会议开幕。会议期间，全区 248 名人大代表集中学习了十三届全国人大一次会议第三次全体会议通过的《中华人民共和国宪法修正案》。

过全民讨论，于 1982 年由第五届全国人民代表大会第五次会议通过的。在中国，各族人民、一切国家机关和武装力量、各政党和各社会团体、各企业事业组织，都必须以宪法为根本的活动准则，并负有维护宪法尊严、保证宪法实施的职责。1982 年宪法通过后，为适应中国社会发生的变革，中国全国人民代表大会又先后五次对宪法的部分内容和条款作了修改。1988 年宪法修正案规定，国家允许私营经济在法律规定的范围内存在和发展，土地的使用权可以依照法律的规定转让。1993 年宪法修正案规定，国家实行社会主义市场经济，中国共产党领导的多党合作和政治协商制度将长期存在和发展。1999 年宪法修正案规定：国家实行依法治国，建设社会主义法治国家；国家在社会主义初级阶段，坚持公有制为主体、多种所有制经济共同发展的基本经济制度，坚持按劳分配为主体、多种分配方式并存的分配制度。2004 年宪法修正案规定：国家鼓励、支持和引导非公有制经济的发展，并对非公有制经济依法实行监督和管理；公民的合法的私有财产不受侵犯，国家依法保护公民的私有财产权和继承权；国家尊重和保障人权等。2018年宪法修正案规定：国家工作人员就职时应当依照法律规定公开进行宪法宣誓；发展同各国的外交关系和经济、文化交流，推动构建人类命运共同体；中国共产党领导是中国特色社会主义最本质的特征；设区的市的人民代表大会和它们的常务委员会，在不同宪法、法律、行政法规和本省、自治区的地方性法规相抵触的前提下，可以依照法律规定制定地方性法规，报本省、自治区人民代表大会常务委员会批准后施行；增写"国家监察委员会"一节。

宪法修改，是中国共产党及其领导下的国家政治生活中的一件大事，是为了更好地发挥中国特色社会主义制度的优势，是为了更好地体现中国人民的意志，也是推进全面依法治国、推进国家治理体系和治理能力现代化的重大举措。

实行依法治国，建设法制中国，首要任务就是全面贯彻实施宪法，

2017年12月4日，在四川省内江市东兴区和平广场，书法家正在为群众现场创作"法治书法"作品。

维护宪法法律权威。为此，中国政府反复强调并努力做到以下方面。第一，健全宪法实施监督机制和程序，把全面贯彻实施宪法提高到一个新水平。第二，建立健全全社会忠于、遵守、维护、运用宪法法律的制度。第三，坚持法律面前人人平等，任何组织或者个人都不得有超越宪法法律的特权，一切违反宪法法律的行为都必须予以追究。第四，建立宪法宣誓制度。2015年7月1日，中国全国人民代表大会常务委员会通过了关于实行宪法宣誓制度的决定，各级人大及其常委会选举或者决定任命的国家工作人员，以及各级人民政府、人民法院、人民检察院任命的国家工作人员，在就职时应当公开进行宪法宣誓。2018年3月，宪法宣誓制度正式写入现行宪法中。第五，健全规范性文件备案审查制度。近年来，中国各类法规、规章、司法解释和规范性文件都已纳入备案审查范围；如经审查，发现有违反宪法法律的，依法依规予以撤销和纠正。这有利于促使国家工作人员树立宪法意识、恪守宪法原则、弘扬宪法精神、履行宪法使命，也有利于彰显宪法权威，激励和教育国家工作人员忠于宪法、遵守宪法、维护宪法，加强宪法实施。

为维护宪法法律权威，强化人民的法治意识，多年来，中国一直努力在公民中普及法律知识，弘扬法治精神。从1985年起，中国全国人民代表大会常务委员会先后通过了六个在全体公民中普及法律知识的决定，并已连续实施了五个五年的普法规划。"一五"（1986—1990年）普法期间，有7亿多公民学习了相关的初级法律知识。"二五"（1991—1995年）普法期间，有96个行业制定了普法规划，组织学习专业法律法规200多部。"三五"（1996—2000年）普法期间，30个省、自治区、直辖市结合普法活动开展了依法治理工作，95%的地级市、87%的县（区、市）、75%的基层单位开展依法治理工作。"四五"（2001—2005年）普法期间，有8.5亿公民接受了各种形式的法治教育。"五五"（2006—2010年）普法期间，中国县级以上普法机构和相关部门共组织开展普法活动 8 万多次，各地机关、学校、社区、企业、乡村、单位等开展法制文艺等多种形式宣传 50 多万场次。"六五"（2011—2015 年）普法顺利实施，法治宣传教育工作取得显著成效，以宪法为核心的中国特色社会主义法律体系得到深入宣传，法治宣传教育主题活动广泛开展，多层次多领域依法治理不断深化，法治创建活动全面推进，全社会法治观念明显增强，社会治理法治化水平明显提高，法治宣传教育在建设社会主义法治国家中发挥了重要作用。目前，"七五"普法工作正在蓬勃开展。

当今中国，普及法律知识已经成为全社会共同参与的行动。2002年中共十六大之后，中共中央政治局先后组织了几十次有关法治的集体学习，对推动全社会特别是国家公务人员学习法律知识、树立法治观念，起到良好示范作用。中国全国人民代表大会常务委员会、国务院常务会议、全国政协常务委员会组成人员举行了一系列法治学习，各级党组织和国家机关集体学习法律知识已形成制度。国家组织开展各种形式的法治宣传教育活动。每年 12 月 4 日国家宪法日、3 月 15

2016 年 12 月 2 日，重庆市永川区人民法院邀请北山中学高一年级师生代表零距离感受法院工作和文化。

日国际消费者权益保护日、6月5日世界环境日、6月26日国际禁毒日，以及重要法律颁布实施纪念日等，法治都是宣传教育的重要内容。各级各类学校把法治教育纳入必修课程，广播、电视、报刊、网络等新闻媒体加强了法治宣传，目前已有300多家省级、市级电视台开设了法治栏目，一些地方还开办了法治宣传教育网站。

中国政府一向高度重视发展法学教育，为建设法治国家培养了大量人才。中华人民共和国成立初期，由中央人民政府统一规划，在全国各地建立了北京政法学院、华东政法学院、中南政法学院、西南政法学院、西北政法学院，在中国人民大学、东北人民大学、北京大学、复旦大学等综合性大学设立了法律系，使中国的法学教育初具规模。改革开放以来，中国的法学教育进入了一个快速发展时期。截至目前，中国设立法学本科专业的高等院校已达700多所，在校的法学专业本科生数十万人以上。此外，有法学硕士学位授予权的高等院校和科研机构多达300多所，有法学博士学位授予权的高等院校和科研机构数十个，近20个法学教育机构设有法学博士后科研流动站。经过40年的恢复、重建、改革和发展，中国已经形成一个以法学学士、硕士、博士教育为主体，法学专业教育与法律职业教育相结合的法学教育体系，基本适应了国家现代化建设的需要。

现如今，中国共产党和中国政府正在推进全面依法治国战略，加快建设社会主义法治国家的步伐。这是一场由中国共产党领导的、13亿多中国人民共同参与的、史无前例的伟大社会实践。有着悠久历史和灿烂文明的中华民族，正在民主与法治的道路上阔步前进，努力开创人类政治文明发展的新境界。

市人大常委会领导与网民在线恳谈

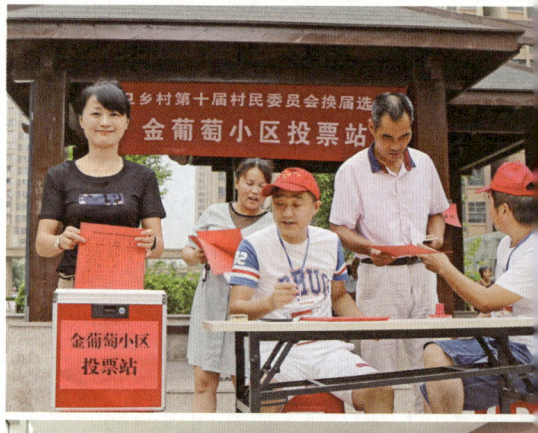

金葡萄小区投票站

第五章 广泛多层民主参与途径

　　毫无疑问，选择什么样的民主制度，或者什么样的民主参与形式，完全取决于一个国家的历史和文化传统以及政治、经济制度等。正如中国确立了公有制的主体地位之后，必须努力探索公有制的多样化实现形式一样，在确立了社会主义民主制度之后，也必须努力寻求人民当家做主的具体实现形式。新中国成立后，尤其是改革开放40年来，随着中国经济、社会、文化的不断发展，中国公民参与政治和表达利益诉求的形式日益多样化，比如民主选举、民主协商、社会协商对话、城乡基层民主、网络问政和网络监督，等等。这些多样化途径和形式，为中国公民行使民主权利提供了广阔的渠道。

多层次选举制度

选举制度是现代民主政治的支柱，选举权是公民政治权利的基础。当今世界，选举主要有两种形式：一种是间接选举，实行代议制民主；另一种是直接选举。选举在中国不同的政治层面上得到广泛运用，如各级人民代表大会代表选举，中国共产党党内选举，中国城乡基层选举，高等院校的学生会组织选举，等等。其中，各级人民代表大会代表选举，是中国最重要也是影响最大的选举制度，本书开篇"中国现行基本政治制度"一章已详细介绍了中国的人民代表大会选举制度。

人民代表大会代表选举制度，实质就是人民用选票选出自己的代表，并通过自己的代表来间接参与和管理国家事务。中国现行这种选举制度，是 1949 年新中国成立后才确立起来的。1953 年 2 月，中国政府颁布了第一部选举法。这部选举法颁布后，新中国开展了第一次普选活动。

1978 年底后，中国迈入了改革开放新时代。为了更好地保障人民的民主权利，维护公民的选举权利，中国对选举法进行多次修改。1979 年 7 月，中国的全国人民代表大会制定了新的选举法。新选举法与 1953 年旧法相比，发生了很大的变化。例如：将直接选举的范围扩大到县级；规定一律实行差额选举；将原规定的无记名投票和举手表决并用，改为一律无记名投票；将原规定的按选民居住情况划分选区，改为可按生产单位、事业单位、工作单位和居住状况划分选区；将原规定的只有不属于党派、团体的选民或代表才能联合或单独提出代表候选人名单，改为任何选民或代表只要 1 人提出，3 人以上附议，都可推荐代表候选人；规定如果代表候选人名额过多，难以确定正式候选人时，可以进行预选；将原规定的候选人以获得出席选民或代表的过半数票始得当选，改为必须获得全体选民或全体代表的过半数票始得当选；规定每个少数民族至少要有 1 名全国人大代表；规定可以采用各种形式宣传代表候选人。新的选举法的颁布，进一步完善了中国的选举制度，推动了中国选举民主的发展。

1979 年选举法颁布后，至今先后经过六次重大修改。其中，21 世纪以来就有三次。2004 选举法修正案修改的地方主要有三处：一是在基层人大代表选举的相关条款中，恢复了直接选举中的预选，规定"如果所提候选人的人数超过本法第三十条规定的最高差额比例，由选举委员会交各该选区的选民小组讨论、协商，根据较多数选民的意见，确定正式代表候选人名单；对正式代表候选人不能形成较为一致意见的，进行预选，根据预选时得票多少的顺序，确定正式代表候选人名单"。二是在候选人介绍环节，增加规定"选举委员会可以组织代表候选人与选民见面，回答选民的问题"。此前的多次修改，只规定选举委员会或者人民代表大会主席团"应当向选民或者代表介绍代表候选人的情况"，推荐者"可以在选民小组或者代表小组会议上介绍所推荐的代表候选人的情况"。本次修改越过了过去的公式化介绍形式，使候选人与选民见面、交流成为可能，使选举向着民主、竞争的方向实质性前进了一步。三是在罢免程序上，规定破坏选举的行政违法和刑事犯罪行为的种类。

相对于 2004 年选举法修正案，2010 年选举法修正案修改的力度更大。这次修改的要点包括：（1）城乡选举"同票同权"。新修改的选举法规定："全国人民代表大会代表名额，由全国人民代表大会常务委员会根据各省、自治区、直辖市的人口数，按照每一代表所代表的城乡人口数相同的原则以及保证各地区、各民族、各方面都有适当数量代表的要求进行分配。"（2）选民可以要求与候选人见面。选举法规定："选举委员会根据选民的要求，应当组织代表候选人与选民见面，由代表候选人介绍本人的情况，回答选民的问题。"（3）保证基层代表数量。选举法规定："全国人民代表大会和地方各级人民代表大会的代表应当具有广泛的代表性，应当有适当数量的基层代表，特别是工人、农民和知识分子代表……"（4）完善投票选举程序。选举法规定："选举时应当设有秘密写票处。""选举委员会应当根据各选区选民分布状况，按照方便选民投票的原则设立投票站，进行选举。选民居住比较集中的，可以召开选举大会，进行选举；因患有疾病等原因行动不便或者居住分散并且交通不便的选民，可以在流动票箱投票。""经选举委员会同意，可以书面委托其他选民代为投票。每一选民接受的委托不得超过三人，并应当按照委托人的意愿代为投票。"（5）代表候选人近亲属不得担任监票人。选举法规定："代表候选人的近亲属不得担任监票人、计票人。"这次选举法修正，成为中国选举制度向前迈进、不断完善的见证，标志着中国选举民主又向前迈出了历史性的一步。

在前五次修改基础上，2015年，中国对选举法进行了第六次修正。2015年新选举法规定："中国公民参加各级人民代表大会代表的选举，不得直接或者间接接受境外机构、组织、个人提供的与选举有关的任何形式的资助。"违反这一规定的，不列入代表候选人名单；已经列入代表候选人名单的，从名单中除名；已经当选的，其当选无效。

改革开放40年来，适应中国社会主义民主政治建设和人民代表大会制度建设的需要，通过六次修改选举法，制定和完善具体规定，人大代表选举更加民主、科学、有效，选举程序和选举办法更加简便、易行、规范，逐步形成了一套适合中国国情、具有鲜明中国特色的选举制度。从1979年到2018年，中国先后进行过11次乡级人大代表直接选举，10次县级人大代表直接选举，8次设区的市级以上人大代

2018 年 3 月 17 日，十三届全国人大一次会议在北京人民大会堂举行第五次全体会议，选举产生新一届国家领导人。图为代表投票。

表间接选举。现如今，随着中国政治、经济、社会的发展进步，人民代表大会选举发生了巨大变化。享有选举权的主体从有限发展到普遍，选举权的平等性从着眼于实质平等逐渐向统一实质与形式平等方向发展，从记名投票发展到无记名投票，直接选举范围从基层扩大到县级，从等额选举发展到差额选举，等等。所有这些变化，记录了中国选举民主的进步。

中国式的协商民主

社会主义协商民主是在中国共产党领导下，人民内部各方面围绕改革发展稳定重大问题和涉及群众切身利益的实际问题，在决策之前和决策实施过程中开展广泛协商，尽可能就共同关心的问题形成共识的重要民主形式。经过多年发展，协商民主已经深深嵌入中国社会主义民主政治全过程，把有序参与、平等议事、民主监督、凝聚共识、科学决策、协调各方、和谐发展融于一体，体现了中国社会主义民主政治的独特优势。

这种独特优势集中体现在如下方面。一是广泛性。协商民主的主体涵盖各党派、各团体、各民族、各阶层、各界别和各方面人士，协商民主的渠道多种、类型多样、形式灵活，可以最大限度满足不同阶层、不同群众复杂多样的参与要求。二是包容性。协商民主坚持求同存异、体谅包容的原则，蕴含合作、参与、协商的精神，既反映多数人的普遍愿望，又吸纳少数人的合理主张，既听取支持的、一致的意见，又听取批评的、不同的声音，有利于最大限度地包容和吸纳各种诉求。三是真实性。协商民主是一种参与决策的民主形式，可以广泛形成人民群众参与各层次管理和治理的机制，有效克服人民群众在国家政治生活和社会治理中无法表达、难以参与的弊端；保证人民群众持续参与日常政治生活的权利，有效行使管理国家事务、管理经济和文化事业、管理社会事务的权力。

在当代中国，协商民主主要有两种形式，一是政治协商，二是社会协商对话。与选举民主相比，协商民主不是通过不同利益群体间的竞争达成政治的妥协而形成利益格局和政治秩序，而是直接通过以非对抗性政治协商建构利益格局和政治秩序。承认和照顾协商各方的利益是协商民主的前提与基础。中国不主张对抗性民主或街头民主，更倾向于协商民主。

中国人民政治协商会议是中国协商民主的主要形式之一。本书前面"中国现行基本政治制度"一章已详细介绍了中国共产党领导的多党合作和政治协商制度。现如今，中国全国政协每两周举行一次协商座谈会，简称为"双周协商座谈会"。每次协商座谈会有 20 位政协委员参与，每年举行 20 次左右。可以说，政治协商在中国几乎无处不在。从国家方针、政策、法律法规的制定执行，到国家大政方针、

2019 年 3 月 13 日，中国人民政治协商会议第十三届全国委员会第二次会议在北京人民大会堂闭幕。图为委员们会前合影留念。

政治生活中的重大事项、经济和社会发展中的重要问题的决定，再到人民群众普遍关心的问题，中国共产党都会在决策前和决策执行过程中与人民政协、各民主党派、无党派人士、各人民团体以及各族各界代表人士进行协商，这有利于党和国家的决策充分反映人民的意志和各方面的利益诉求，在各种重大问题的决策上更加民主和科学，并赋予决策以合法性。同时，这种经常、普遍而广泛的公开讨论、协商等方式本身还是实现民主监督的重要载体，它强化着对国家权力运作过程的民主监督。

在中国，除了政治协商之外，还有形式多样的社会协商对话。它指的是领导与群众、群众与群众、管理层与职员之间，通过对话来沟通情况，交换意见，平等协商，来处理和协调各种不同的社会利益和矛盾。建立社会协商对话制度，是中国政治体制改革的重要措施之一。在现实生活中，协商民主的具体形式很多，如公共政策听证会、征求意见会、劳资双方协商对话及人民会商等。

诞生于中国浙江省温岭市的民主恳谈，是中国基层社会协商对话的典范。温岭市是台州市所辖的一个县级市，当地经济发展快，是浙江 14 个重点县之一。伴随着经济发展，人们对民主政治的诉求越来越高。"民主恳谈"就是温岭人在发展民主政治中的一个创造。1999年 6 月，温岭市松门镇举办"农业农村现代化建设论坛"，解答人们提出的问题，既解决思想认识问题，也解决实际问题。这种方式受到人们的好评。此后，温岭市各地陆续开展了形式多样的民主沟通、民主对话活动。2001 年 6 月，这一基层民主形式统一定名为"民主恳谈"，并确立为民意表达的场所，而且还是重大决策的必经程序。

　　经过多年的发展，温岭民主恳谈由最初的一种工作方法演化为一种稳定的制度。目前民主恳谈的内容主要有：民主沟通会、乡镇政府决策听证会、乡镇党委决策议事会、村民议事会、乡镇人大表决会、党代表建议回复会、重要建议论证会和村民代表监督管理会等。作为一种制度，民主恳谈的主要特点是：程序化、规范化程度比较高，与

2009 年 3 月 3 日晚，浙江省温岭市人大常委会领导围绕热点民生问题及人大工作，通过温岭人大网与广大市民在线交流。

实际工作结合紧密，为各界人民群众参与公共事务管理提供的空间比较广阔，运行成本比较低，操作比较简便，与现有各种制度及党的传统融合程度较高。民主恳谈得到国内外的广泛重视，美国《纽约时报》《时代周刊》、日本《朝日新闻》和英国《经济学家》等媒体对中国温岭民主恳谈都有过报道。

实践充分证明，温岭的民主恳谈产生了很大的政治效益和社会效益。具体体现在以下几方面。一是优化基层的决策程序。中国基层社会有大量的公共事务需要处理，尤其是经济发达、乡镇财政收入或农村集体收入比较多的地方。"民主恳谈"作为一项必经的决策程序，有利于防止或消除基层干部决策的随意性。二是提高基层执行效率。民主恳谈推动了中国基层群众对政府决策的参与，为基层群众在政府行政过程中表达、维护自身的利益提供了平台，因此有助于政府和人民群众之间在解决公共事务时建立起合作伙伴关系，从而有利于推动政策的执行。三是推动中国基层民主政治的发展。民主恳谈是在村民选举的基础上，进一步把民主的原则贯彻到城镇和农村公共事务的管理和决策中，有利于激发人民群众参与公共事务管理的积极性。四是培养基层群众的民主意识。对中国农村来说，推进民主政治的最大障碍是农民缺乏民主意识和习惯。实行民主恳谈，有利于锻炼和提高基层群众民主参与的能力和素质。

总而言之，温岭民主恳谈是中国特色社会协商民主形式的一种尝试和创新。类似这样的社会协商方式还有很多，它们对于缓解中国基层社会矛盾、推动中国经济社会发展、促进中国社会和谐与稳定，具有不可替代的作用。

城乡基层民主形式

城乡基层民主自治，是当代中国最直接、最广泛的民主实现形式。

现如今，在中国已建立起以农村村民委员会、城市居民委员会和企业职工代表大会为主要内容的基层民主自治体系。中国数以亿计的基层群众就是通过这些群众性自治组织，依法直接行使民主选举、民主决策、民主管理和民主监督的权利，对所在基层组织的公共事务和公益事业发表自己的看法，履行自己的民主权利和义务。

◎农村基层民主

中国基层民主的第一种形式是农村村民自治。随着中国城乡发展一体化进程的推进，目前农民占中国总人口的比例已下降至41.5%左右，但中国近14亿人口中仍有5.7亿多人在农村。如何扩大和发展农村基层民主，使农民在所在村庄真正当家做主，充分行使自己的民主权利，是中国民主政治建设的重大问题。经过多年的探索和实践，中国共产党领导亿万农民找到了一条适合中国国情的推进农村基层民主政治建设的途径，这就是实行村民自治。

2018年9月1日，安徽省合肥市淝河镇卫乡村举行第十届村民委员会换届选举大会，全村2862名选民严格按照选举法行使了自己的选举权和被选举权，经投票选出了自己心中的"当家人"。

什么是村民自治？在中国，村民自治是指中国农村村民直接行使民主权利，依法办理自己的事情，实行自我管理、自我教育、自我服务的一项基本制度。它始于20世纪80年代初期，发展于80年代，普遍推行于90年代，现已成为在当今中国农村扩大基层民主和提高农村治理水平的一种有效方式。

目前，中国各省、区、市都已经制定或修订了村民委员会组织法实施办法或村委会选举办法，使村民自治有了更加具体的法律法规保障。

按照法律规定，中国农村村民自治主要体现在四个方面，即民主选举、民主决策、民主管理和民主监督。（1）民主选举。按照宪法、村民委员会组织法等法律法规，由村民直接选举或罢免村民委员会成员。村民委员会由主任、副主任和委员三至七人组成，每届任期三年。在选举过程中，村民委员会成员候选人由村民直接提名和参加投票选举，当场公布选举结果，做到公正、公开、公平。村民的参选热情高涨，据不完全统计，全国农村居民的平均参选率在80%以上，有的地方高达90%以上。（2）民主决策。凡涉及村民利益的重要事项，都由村民会议或村民代表会议讨论，按多数人的意见作出决定。鉴于中国农村千差万别，村庄规模大小不一，在一些人数较多、居住分散的村庄，村民会议面临难组织、难召开、难议决的实际困难，通过设立村民代表会议，较好地解决了这个问题。目前，中国85%的农村已经建立了实施民主决策的村民会议或村民代表会议制度。（3）民主管理。依据中国法律法规和有关政策，结合本地实际情况，由全体村民讨论制定或修改村民自治章程或村规民约。村民委员会和村民按照被形象地称为"小宪法"的自治章程，实行自我管理、自我教育和自我服务。目前，中国90%以上的村庄制定了村民自治章程或村规民约，建立了民主理财、财务审计、村务管理等制度。（4）民主监督。村民通过村务公开、民主评议村干部、村民委员会定期报告工作、对村干部进行离任审计等制度和形式，监督村民委员会工作情况和村干部行为。特别是村务公开，得到了中国农村村民的普遍欢迎。

2012年中共十八大后，随着村民委员会选举法的修订及相关法规的完善，中国农村基层民主有了新的发展。譬如，民主选举得以有序推进。截至2016年底，全国27个省（自治区、直辖市）实现了村民委员会换届选举统一届期、统一部署、统一指导、统一实施，参选率达到90%以上，优化了村民委员会班子结构；民主管理机制得到完善，中国98%的村制订了村规民约或村民自治章程，社会主义核心价值观得到充分体现；民主监督稳步推进，农村实现村务监督委员会全覆盖，普遍实行村务公开；农村干部述职、问责等机制逐步健全，中国每年约有170万名村干部进行述职述廉，对23万余名村干部进行经济责任审计，民主评议村干部近210万人次；探索推进以村民小组或自然村为基本单元的村民自治试点工作，推动实现村民自治地域范围与农村实际情况和农民意愿相一致。同时，近年来，中国加大对"村霸"和宗族恶势力的整治力度，严惩各种违法违纪行为，充分保护中国农村农民的民主权利。

2017年10月以来，河南省漯河市源汇区在全区农村各行政村建立阳光村务公开微信公众号，将各村财务收支、农村低保、精准扶贫等群众关注的信息按月公开。

中国农村基层民主与村民自治的成功实践，是中国共产党领导亿万农民发展中国特色社会主义民主政治的伟大创举。扩大农村基层民主，实行村民自治，激发了广大农民当家做主的积极性、创造性和责任感，掀开了中国农村民主政治建设的新篇章。

◎社区基层民主

中国基层民主的第二种形式是城市社区居民自治。城市居民自治是中国城市居民实现自我管理、自我教育、自我服务的重要方式，是在城市基层实现直接民主的重要形式。

如同中国农村村民自治，城市社区居民自治的主要内容也是实行民主选举、民主决策、民主管理和民主监督。中国基层市民通过这些民主实践形式参与兴办社区公共事务和公益事业。作为城市社区民主的最为重要的组织载体，社区居委会的产生和建立非常关键，是城市基层民主得以发展的初始条件。

在社区居民自治活动中，民主选举涉及所有的社区自治组织，社区居民代表会议代表成员、居委会成员以及居民小组长都必须经过选举产生，其中最重要的是居委会成员的选举。选举的形式不断改进，由候选人提名到自荐报名，由等额选举到差额选举，由间接选举到直接选举，并打破了地域和身份的限制，民主程度不断提高。近年来，城市社区居民直选蓬勃发展。国家有关部门对 26 个试点城区的调查表明，城市社区居民对社区居民委员会直选持积极参与的态度，超过九成选民参加了投票。通过直选成立的社区居民委员会呈现出年轻化、知识化和职业化的趋势。

社区居民自治中的民主决策，是全体社区居民通过社区居民会议、协商议事会、听证会等有效形式和渠道，对社区内公共事务进行民主决策。中国的《居委会组织法》规定：涉及全体居民利益的重要问题，居民委员会必须提请居民会议讨论决定。关于民主决策的共同性内容，

2018 年 8 月 3 日，安徽省合肥市庐阳区大杨镇十张村低保听证会现场，评议组成员进行唱票，现场公示评议结果。

主要包括社区整体规划改造方案、社区公益事业发展规划、社区财务与社区建设公益管理及社区资金筹集方案与费用摊派等。

　　社区居民自治中的民主管理，是依靠和发动社区居民，通过制定对社区成员具有约束力的规章制度，采用民主的手段与方式，共同管理社区内部事务，维护社区内正常和谐的秩序。社区民主管理主要有社区内部公共社会事务和政府委托社区协管事务两个方面的内容。民主管理，有利于增强居民当家做主意识，实现"社区的事大家管"。

　　社区居民自治中的民主监督，其重点对象是居委会的工作，比较典型的方式是居民委员会事务公开。实行居民委员会事务公开，凡是居民关心的热点、难点问题和涉及全体居民切身利益的重大事务，都及时向居民公开，并通过召开居民评议会，听取居民意见，接受居民监督。

　　2012 年中共十八大以来，城市社区居民自治和基层民主有了进一步发展。在修订完善《中华人民共和国城市居民委员会组织法》的基础上，中国顺利完成全国省（自治区、直辖市）居民委员会换届选举，居民参选率达到 90% 以上；城市社区普遍制订居民公约或居民自治章程，社会主义核心价值观得到充分体现；城市社区居民委员会事务监督形式日渐丰富，普遍实行居民委员会事务公开。

随着城乡基层民主的发展，基层群众性自治组织依法依规对驻区单位、社区社会组织、物业服务企业等开展监督，充分发挥社区多元主体作用，推进驻区单位共建共享，形成多方参与、共同治理格局，健全覆盖城乡、体系健全的社区服务网络，不断增强基层发展活力。同时，基层群众性自治组织在积极宣传法律法规和国家政策、推进文化教育科技知识普及、促进男女平等，以及在满足群众利益协调、诉求表达、矛盾调处、权益保障等需求方面，发挥了越来越积极的作用。

◎ 企业民主管理制度

中国基层民主的第三种形式是职工代表大会。在当代中国，职工在企事业单位中所享有的当家做主的民主权利，主要通过职工代表大会制度来实现。《中华人民共和国宪法》《中华人民共和国全民所有制工业企业法》《中华人民共和国劳动法》《中华人民共和国工会法》和《全民所有制工业企业职工代表大会条例》等法律法规，均对职工代表大会制度作了相应规定。依据有关法律，职工代表大会具有五项职权：对企业生产经营、发展计划和方案有审议建议权；对工资、奖金、劳动保护、奖惩等重要规章制度有审查通过权；对有关职工生活福利等重大事项有审议决定权；对企业行政领导干部有评议监督权；对厂长有推荐或选举权。

在中国，职工代表大会具有广泛的群众基础，代表中不仅有工人，而且有科技人员、管理人员和其他工作人员，能够代表全体职工民主管理企业。职工代表大会闭幕后，由企业工会委员会作为职代会的工作机构，负责职工代表大会的日常工作。中国工会是中国共产党领导的职工自愿结合的群众性组织，是当代中国重要的社会政治团体。其基本任务中很重要的内容就是依法维护职工的民主权利，组织职工参与企业的民主管理；保障职工的生活福利，协助和督促企业办好职工福利事业等。因此，在企业民主管理方面，基层工会和职工代表大会的职责是一致的。而且，企业工会有一套比较完整的组织结构，由工会作为职代会的工作机构，负责职代会的日常工作，既可以保证职代会大量日常工作切实开展起来，又能够精简机构。

中国企业基层民主的实践形式主要有五种。第一，民主管理。根据新修改后的工会法规定，不管是国有或国有控股，还是集体、个人、私营企业，都必须建立和健全职工代表大会制度和其他民主管理制度，以保障与发挥工会组织和职工代表在审议企业重大决策、监督行政领导、维护职工合法权益等方面的权力和作用。第二，民主选举。目前中国各地企业开展了程度不同的民主选举企业中层以上管理人员活动，企业职工或直接参与，或通过职工代表来进行参与。部分省市还建立了民主选举企业领导人的制度和程序。第三，厂务公开。中国共产党和中国政府要求国有或国有控股企业、集体企业就企业职工关心的热点问题、廉政建设中的关键问题以及企业改革发展中的主要难点等进行公开，使职工知晓有关情况，对关系自己切身利益的重要决策行使表决权，对领导干部行使监督权。被称为"阳光工程"的厂务公开制度已在全国普遍推行。第四，民主决策。目前，中国有些企业还实行热点问题表决制度。根据规定，凡绝大多数职工关注的热点问题，一律提交职工代表大会表决。第五，民主参与。目前，中国部分企业实行民主对话制度。在民主对话会上，企业职工与企业行政主管或业主"面对面"进行民主对话，就企业发展过程出现的问题、企业职工的利益展开讨论，这是企业劳资双方良性互动的重要方式。近些年来，职工代表大会在实行民主管理、协调劳动关系、保障和维护职工合法权益、推进企事业单位的改革发展等方面发挥了不可替代的作用。

与此同时，近年来，在中国部分非公有制企业中，企业民主也得到迅速发展。尤其是一些成功的非公有制企业，都十分重视加强企业的民主管理。不久前发布的 2018 中国民营企业 500 强分析报告显示，超过八成的非公企业推行了厂务公开、民主管理等制度。当今中国，数以百万计的非公企业秉持着相同的经营理念。截至 2017 年底，全国已建立工会的非公企业中，单独建立厂务公开制度的有 398.7 万家，单独建立职工代表大会制度的有 409.1 万家。

总起来说，存在于中国农村、城市社区、厂矿企业中的基层民主自治形式，是中国社会主义民主最广泛的实践，客观上也是民主政治中成本最低、影响最深最广的实践形式。它们为实现人民当家做主提供了广阔的舞台，也为广大基层群众直接行使民主权利提供了最基本的制度保障。

网络问政与网络监督

网络问政和监督，是近年来在中国兴起的一种新型民主形式。它是指公众以网络空间为渠道，积极表达自己的政治意愿，参与政治事务，监督政府及官员的行为。与传统的民主形式不同，网络民主具有虚拟化、低成本、去权威化、去精英化、去意识形态化等特征。正是因为具有传统民主所无法比拟的优势，网络民主一经产生，就受到广泛关注和参与。

在中国，网络民主走进人们的视野的一个重要标志是"孙志刚事件"。2003 年，媒体报道《被收容者孙志刚之死》和《谁为一个公民的非正常死亡负责》后，各大门户网站纷纷转载，孙志刚事件受到网民的强烈关注，成为各大网站论坛与聊天室的热点，点击率在当年仅次于"非典"报道。孙志刚事件在网络世界产生巨大反响，引发一场对《城市流浪乞讨人员收容遣送办法》是否违宪的大讨论。有关方面认真对待、积极回应，最终促成实施 20 多年的《城市流浪乞讨人员收容遣送办法》的废除和《城市生活无着的流浪乞讨人员救助管理办法》的出台。以"孙志刚事件"为标志，中国网民作为一个庞大的群体迅速壮大并空前活跃，对人大立法、政府公共决策产生了重大影响。譬如，2018 年 6 月，中国第十三届全国人大常委会就《中华人民共和国个人所得税法修正案（草案）》，正式向社会公开征求意见。截至 2018 年 7 月 4 日，个税草案已提意见数约 4.4 万条。特别是在近年来发生的一系列重大事件中，公众通过互联网直接和深入地参与到了社会生活和政治生活的各个方面，其广度和深度在中国政治过程中是前所未有的。

网络民主的发展，不仅影响人大立法和政府决策，甚至影响司法机构的执法，而且为普通的公众监督政府和公职人员尤其是各级领导干部创造了一个全新的便捷渠道。传统的监督机制，基本上是一种间接监督，在其过程中，时间和信息的损耗在所难免，再加之体制缺陷以及各种非正常因素的干扰，普通的民众对政府的监督效力十分有限。而网络民主的兴起和发展创造了一种更为直接、快捷的监督渠道，扩大了公民监督的广度和深度，使公民能充分发挥其民主监督的主体作用。近年来，中国发生了一系列因网络监督而走进公众视野的案例，比如，黑龙江省庆安枪击事件、山东省"辱母案"、云南省丽江女游客被殴打毁容事件、四川省"严书记女儿"事件、上海市警察"抱摔妇婴"事件等等，网络民主和网络监督一次又一次展示出巨大的能量和威力，从最初的"发声渠道"演变为千万网民的"监督平台"。这是以往任何时代都无法想象的。

社会公众对网络民主表现出的参与热情，得到官方的正面回应。中国政府积极开辟网络民主表达渠道，引导民众对公共事务的参与。譬如，2006 年起，作为目前唯一覆盖全国的互联网平台，人民网开辟了《地方领导留言板》，网民通过网络留言可以与各级领导干部进行互动。全国累计有近 60 位省委书记、省长，2000 多位市县"一把手"先后对《地方领导留言板》网民留言作出公开回复，各地省市县三级

2009 年 2 月 28 日，山东省聊城市一位青年农民通过网络向总理提问有关农业方面的问题。

领导平均每天回复 400 多条网民留言。仅 2015 年全年，中国各地省市县党政"一把手"通过人民网《地方领导留言板》解决网民诉求达 13.9 万项，同比增长 23.5%。这也激发了网民的参与热情，网民留言总数暴增。截至 2016 年 4 月，栏目留言总量和回复总量分别突破 82 万和 49 万大关。目前，这一平台已成为中国各地方政府构建透明、高效、法治的现代治理架构的重要抓手和"听政声、察民意、聚良策"的重要渠道。此外，"强国论坛""天涯社区"等社交网站以及各级政府开通的官方网站，都成为广大网民直接表达自己对公共事务的意见和建议的平台。每年两会前夕，新华网、搜狐网、腾讯网等各大网站都会推出"总理请听我说""我有问题问总理""为省部委建言""人大代表、政协委员意见征集"等互动平台，吸引了数以亿计的网民积极参与。中国多省市区人大、政协代表、委员和政府部门负责人也纷纷开通了博客、微博、微信公众号，广泛收集民意民情。

现如今，在中国，网络民主已经成为公民参政议政、表达诉求、监督政府和公职人员的重要渠道和形式，也为中国共产党和中国政府了解社情民意提供了崭新的窗口。可以预见，网络民主不仅可能成为中国民主政治发展的一个新的增长点，而且也可能为社会主义民主或人民民主的实现开辟更为广阔的前景。

監督执纪问责核心法规

中国共产党章程
关于党内政治生活的若干准则
于新形势下党内政治生活的若干
中国共产党廉洁自律准则
中国共产党党内监督条例
中国共产党纪律处分条例
中国共产党问责条例

第六章　反腐廉政建设与国家监察体制改革

腐败是一种社会历史现象，是一个世界性的痼疾，也是社会公众十分关注的问题。反对腐败，是中国共产党和中国政府的一贯主张，也是中国致力于建设廉洁政府的重大举措。经过多年的实践，中国已经形成一套比较规范的反腐败和廉政建设的工作机制，制定了一系列反腐倡廉的法律法规。同时，中国通过深入开展反腐败和廉政建设，国家利益、公共利益和公民个人利益得到有效维护，改革发展稳定的局面得以巩固。中国共产党和中国政府对反腐败和廉政建设的长期性、复杂性、艰巨性有着十分清醒的认识，并下大决心完善反腐工作机制和法律制度，坚决惩治腐败，有效预防腐败，以反腐败和廉政建设的实际成效取信于人民。

反腐与廉政工作机制

中国的反腐败和廉政建设领导体制与工作机制，是由中国的国体和政体决定的。在反腐败和廉政建设实践中，中国探索形成了党委统一领导、党政齐抓共管、纪委组织协调、部门各负其责、依靠群众支持和参与的具有中国特色的反腐败领导体制和工作机制。中国共产党是执政党，中国的反腐败和廉政建设在中国共产党领导下进行。

中国共产党和中国政府始终把反腐败和廉政建设摆在十分重要的位置。特别是改革开放以来，中共中央制定了一系列反腐败和廉政建设工作战略、方针和政策。自 1993 年以来，中共中央每年通过中央纪委全会向全党全国部署反腐倡廉工作。国务院每年都召开廉政工作会议，对政府系统的反腐败和廉政建设作出部署。中共中央、国务院还先后颁布和修订了《关于实行党风廉政建设责任制的规定》，明确要求各级领导班子和领导干部按照"谁主管、谁负责"的原则，在抓好业务工作的同时，抓好职责范围内的反腐败和廉政建设，对违反规定的进行责任追究。全国各地区各部门按照中央要求，把反腐败和廉政建设纳入经济社会发展总体规划、寓于各项改革和重要政策措施之中，同改革发展工作一起部署、一起落实、一起检查、一起考核，保证了反腐败和廉政建设扎实有效地向前推进。

在中国，反腐败和廉政建设的职能机构，主要有中国共产党纪律检查机关、国家监察委员会、国家司法机关和审计机关。

中国共产党的各级纪律检查委员会是依据《中国共产党章程》设

2017年6月13日，北京市朝阳区纪委区监委举办"清风朝阳讲坛"演讲比赛。

立的党内监督的专门机关，由同级党的代表大会选举产生，是开展反腐败和廉政建设的重要机构。其主要任务是：维护党的章程和其他党内法规，检查党的路线、方针、政策和决议的执行情况，协助党的委员会加强党风建设和组织协调反腐败工作；其经常性工作是：对党员进行遵守纪律的教育，对党员领导干部行使权力进行监督，查处违犯党纪的案件，受理党员的控告和申诉，保障党员的权利。党的中央纪律检查委员会在党的中央委员会领导下进行工作。地方各级纪律检查委员会和基层纪律检查委员会在同级党的委员会和上级纪律检查委员会双重领导下进行工作。

　　国家监察委员会是2018年新设立的机构，是目前中国最高的监察机关，由全国人民代表大会选举产生，负责全国的监察工作，对全国人民代表大会及其常务委员会负责，并接受监督。其主要任务是：依据宪法赋予的职责，维护党的章程和其他党内法规，检查党的路线方针政策和决议执行情况，对党员领导干部行使权力进行监督，维护宪法法律，对公职人员依法履职、秉公用权、廉洁从政以及道德操守情况进行监督检查，对涉嫌职务违法和职务犯罪的行为进行调查并作出政务处分决定，对履行职责不力、失职失责的领导人员进行问责，负责组织协调党风廉政建设和反腐败宣传等。

人民法院和人民检察院是依据中国宪法设立的司法机关，分别依法独立行使审判权和检察权，不受行政机关、社会团体和个人的干涉。人民法院是国家的审判机关，依法承担包括贪污贿赂渎职等腐败犯罪在内的各类刑事案件的审判工作，及时、公正地对检察机关提起公诉的贪污贿赂渎职等案件作出判决，依法惩治腐败犯罪。人民检察院是国家的法律监督机关，担负着依法追究刑事犯罪、侦查国家工作人员贪污贿赂和渎职侵权等职务犯罪、预防职务犯罪、代表国家向人民法院提起公诉等职能。最高人民法院、最高人民检察院还通过司法解释等方式，对贪污贿赂渎职等腐败案件的审判、检察工作进行指导。人民检察院、人民法院对侦查、审判案件过程中发现引发职务犯罪的重要问题，及时向有关部门和单位提出检察建议和司法建议。

审计机关是依据中国宪法设立的审计监督机构，依法对国务院各部门和地方各级人民政府及其各部门的财政收支、国有金融机构和国有企业事业单位的财务收支等进行审计监督。中国还建立了经济责任审计制度，对国家机关和依法属于审计对象的其他单位主要负责人进行审计监督。

公安、金融等其他有关部门和机构，也在自身职责范围内依法承担反腐败和廉政建设的相关工作。此外，人民群众的支持和参与是反腐败和廉政建设取得成功的重要基础。各社会团体、新闻媒体和广大人民群众，在建言献策、参与监督、揭露腐败等方面发挥着重要作用。

这些具有不同职能的机构和团体，在反腐倡廉各项工作中既相对独立、各司其职，又相互协调、密切配合。中国共产党的纪律检查机

2018 年 1 月 25 日，中国国防部例行记者会在北京举行。新闻发言人吴谦表示，2018 年军队党风廉政建设和反腐败斗争重点做好八个方面工作。

关在掌握党员违纪线索之后，经调查认定为违反党纪的，对其作出相应的党纪处分；对其中涉嫌犯罪的，移送司法机关处理。国家监察委员会和中央纪委实行合署办公，用中国的老话讲就是"一套人马两块牌子"，行使的是党和国家自我监督的职责，即行使监督、调查和处置的职责。公安、审计、行政执法机关在履行职责过程中发现有违法违纪行为的，根据具体情况分别移送司法机关或党的纪律检查机关、政府监察机关处理。人民法院、人民检察院在履行职责过程中发现犯罪嫌疑人涉嫌违犯党纪或政纪的，将有关证据材料移送党的纪律检查机关或政府监察机关处理。

中国从事反腐败工作的机构承担着开展反腐败和廉政建设、维护社会公平正义的重大责任。近年来，这些机构采取一系列措施，对执法执纪干部队伍严格要求、严格教育、严格管理、严格监督，切实加强自身建设：通过加强内部管理和制度建设，完善制约监督机制，督促执法执纪人员秉公用权、严格自律；通过推行权力公开透明运行、廉政监督员等制度，督促执法执纪人员牢固树立接受监督意识、自觉接受各方面监督，不断提高执法执纪能力和水平，为中国的反腐败和廉政建设提供组织保证。

反腐与廉政法规制度

中国是一个法治国家。中国共产党和中国政府重视发挥法律法规制度的规范和保障作用，不断推进反腐败和廉政建设法制化、规范化。尤其是 2012 年中共十八大以来，中国共产党和中国政府更加重视制度在反腐败和廉洁政府建设中的根本性、长期性作用，颁布制定了一系列反腐败和廉政法律法规。其中包括：以中国共产党章程为依据，制定了一系列中国共产党党内制度规定；以宪法为依据，制定了一系列惩罚与预防腐败的法律法规，从而逐步形成内容科学、程序严密、配套完备、有效管用的反腐败和廉洁政治建设法律法规制度体系。

中国共产党制定了一系列党员领导干部廉洁从政的行为准则和道德规范，建立健全预防腐败制度。近年来，从出台《中国共产党廉洁自律准则》，提出党员和党员领导干部努力践行的高标准，到修订《中国共产党纪律处分条例》，明确划出全体党员须遵守的"六大纪律"底线以及五种处理措施，从出台《关于防止干部"带病提拔"的意见》，营造选人用人的良好政治生态，到制定出台《关于新形势下党内政治生活的若干准则》，明确规范和严肃党内政治生活，党规党纪的笼子越扎越紧，党的纪律生命线越筑越牢。2017 年 1 月公布的《中国共产党纪律检查机关监督执纪工作规则（试行）》明确了请示报告、线索处置、初步核实等工作规程，规定了谈话函询的工作程序，执纪审查的审批权限，调查谈话和证据收集的具体要求，为执纪者划上一条红线。为规范领导干部廉洁从政行为，《关于对党和国家机关工作人员在国内交往中收受礼品实行登记制度的规定》明确要求党和国家机关工作人员不得收受可能影响公正执行公务的礼品馈赠；《关于领导干部报告个人有关事项的规定》要求领导干部如实报告本人收入，本人及配偶、共同生活的子女的房产、投资，以及配偶、子女从业等情况；还有《关于对配偶子女均已移居国（境）外的国家工作人员加强管理的暂行规定》；等等。所有这些法规，对维护国家利益、依法依纪加强对党员和国家工作人员的管理，提高领导干部廉洁从政意识，都具有十分重要的作用。

中国制定了一系列法律法规制度，以加强对领导干部行使权力的制约和监督。近十年来，中国制定实行《中华人民共和国各级人民代表大会常务委员会监督法》，以法律形式对各级人民代表大会常务委员会加强对同级人民政府、人民法院和人民检察院行政权、审判权、检察权的监督作出规定，还制定了《中华人民共和国行政监察法》《中华人民共和国审计法》《中华人民共和国行政复议法》《中华人民共和国行政诉讼法》等法律，建立了行政监察、审计监督、行政复议和行政诉讼制度，加强对行政机关及其工作人员的监督。中共中央制定《中国共产党问责条例》，这是在全面从严治党实践迫切需要对现有问责规定进行整合和规范的形势下形成的一个基础性法规，充分体现了"权力就是责任，责任就要担当，失责必须追究"的制度安排。类似对权力进行制约与监督的，还有《中国共产党党内监督条例》《中国共产党巡视工作条例》《关于对党员领导干部进行诫勉谈话和函询的暂行办法》《关于党员领导干部述职述廉的暂行规定》《党政领导干部选拔任用工作监督检查办法》《党政领导干部选拔任用工作责任追究办法》《市县党委书记履行干部选拔任用工作职责离任检查办法》等一系列规定，对党内监督的各项具体工作进行规范和完善。

中国制定并完善了包括刑事处罚和政纪处分在内的惩处违法违纪

2018 年 7 月 5 日，3 名男子在广东省公安厅领取奖励金。当日，广东省扫黑除恶专项斗争领导小组办公室和省公安厅联合制定出台了《广东省扫黑除恶专项斗争群众举报奖励办法》。举报事项经查实并以涉黑涉恶罪名追究刑事责任的，将依照《奖励办法》的有关规定给予举报人奖励，最高奖励人民币 50 万元。

行为的实体性法律法规。在刑事处罚方面，通过制定和修订《中华人民共和国刑法》，规定了贪污罪、受贿罪、行贿罪、失职渎职罪、巨额财产来源不明罪等腐败犯罪的刑事责任，最高人民法院、最高人民检察院发布了相关司法解释，使之成为惩治腐败犯罪的重要法律依据。在政纪处分方面，国家颁布《行政机关公务员处分条例》，具体规定政纪处分原则、权限以及各类违纪行为及其量纪标准，设立警告、记过、记大过、降级、撤职、开除六种政纪处分。

中国注重程序性法律法规建设。国家立法机关、司法机关和有关部门制定了《中华人民共和国刑事诉讼法》《人民检察院刑事诉讼规则》《监察机关调查处理政纪案件办法》等法律法规，中国共产党颁布《中国共产党纪律检查机关案件检查工作条例》等规定，对违法案件和违纪案件的受理、调查、审理和申诉工作予以规范，并建立证人和举报人保护制度、案件移送和协调配合制度以及被告人和受处分人权利保障制度。

中国制定了一批与预防腐败密切相关的法律法规。制定《中华人民共和国行政许可法》，规范行政许可的设定和实施，保障和监督行政机关有效实施行政管理。制定《中华人民共和国公务员法》，规范公务员的管理，加强对公务员的监督，促进勤政廉政。制定《中华人民共和国政府采购法》《中华人民共和国反垄断法》《中华人民共和国招标投标法》，规范行政自由裁量权，发挥市场在资源配置中的基础性作用，有效防止腐败行为的发生。制定《中华人民共和国法官法》《中华人民共和国检察官法》《中华人民共和国人民警察法》，明确规定司法工作人员的任职条件、管理方式和监督措施，强化了廉洁司法的要求。中国各地区各部门也依据宪法和国家法律，制定了与反腐败相关的地方性法规、地方政府规章和部门规章，完善了中国的反腐败和廉政建设法律法规制度体系。

在完善法律法规的同时，近年来，中国高度重视反腐体制机制建设和改革。主要举措有：实现中共各级纪检机关持续深化"三转"（转职能、转方式、转作风），完善派驻监督机制，探索内部机构改革，创新组织制度，使执纪监督、执纪审查、执纪审理各环节相互协调、相互制约；推进反腐败国家立法，深化国家监察体制改革，形成与执法、司法机关既有机衔接又相互制衡的体制机制，促进依规治党和依法治国相统一；针对容易滋生腐败的重点领域和关键环节，大力推进体制改革和制度创新，建立适合时代发展要求的新体制新机制，如推进行政审批制度改革、司法体制改革、财政管理体制改革、投资体制改革以及金融体制改革，建立市场配置资源制度。改革和制度创新有效地规范了政府和司法机关的行为，有助于从源头上防治腐败。

应该说，近些年来，中国在反腐与廉政法律制度建设上已取得很大进展，为预防、遏制腐败，建设廉洁、公正、透明的政治环境起到了十分重要的作用，逐步构建起"不能腐"的有效机制。但是，也应该看到，中国在这个方面的法律制度还不完善，今后不仅需要更加注重法律法规制度的贯彻实施，而且应根据形势发展继续制定新的、修订原有的反腐败和廉政建设法律法规制度，使之不断发展和完善，最终从根本上遏制住腐败。

依法严厉惩治腐败

中国共产党和中国政府坚持在法律和纪律面前人人平等，严肃查处党员干部和国家工作人员中的腐败行为，保持惩治腐败的高压态势。

中国针对不同时期腐败现象发生的特点，确定查办案件的重点。20 世纪 80 年代，重点打击严重经济犯罪活动和利用价格"双轨制"非法倒买倒卖行为。20 世纪 90 年代，以查办党政领导机关、行政执法机关、司法机关、经济管理部门和县（处）级以上领导干部的违法违纪案件为重点，着重查处贪污贿赂、挪用公款、失职渎职、贪赃枉法、腐化堕落等方面的案件，加大对金融、房地产、工程建设等领域案件的查处力度。近年来，中国在继续坚持查处以上重点案件的同时，着重查办领导干部利用人事权、司法权、行政审批权、行政执法权等搞官商勾结、权钱交易、索贿受贿的案件，为黑恶势力充当"保护伞"的案件，严重侵害群众利益的案件，群体性事件和重大责任事故背后的腐败案件。

中国共产党纪律检查机关和政府监察机关始终坚持依法依纪查办腐败案件，做到事实清楚、证据确凿、定性准确、处理恰当、手续完备、程序合法。严格规范举报、受理、初核、立案、调查、审理、处分、执行、案件监督管理等各个环节，坚持文明规范办案，保障被调查人员的人身权、财产权、申辩权、申诉权和知情权等合法权益。仅 2012

2017年10月13日，上百名外国驻华使节、国际组织驻华代表及部分外国专家等在北京集体参观了"砥砺奋进的五年"大型成就展。图为观展嘉宾关注十八大以来中共中央党风廉政建设和反腐败工作的进展及成效。

年至 2017 年这五年，中国共产党批准立案审查的省军级以上党员干部及其他中管干部 440 人。其中，中共十八届中央委员、候补委员 43 人，中央纪委委员 9 人。全国纪检监察机关共接受信访举报 1218.6 万件（次），处置问题线索 267.4 万件，立案 154.5 万件，处分 153.7 万人，其中厅局级干部 8900 余人，县处级干部 6.3 万人，涉嫌犯罪被移送司法机关处理 5.8 万人。

人民检察院依法对贪污贿赂、渎职侵权等国家工作人员职务犯罪直接立案侦查，并代表国家向人民法院提起公诉。检察机关接受贪污贿赂、渎职侵权犯罪的举报和有关部门移送的案件后，及时对举报线索和案件材料进行审查和初步调查，有犯罪事实并需要追究刑事责任的，依照程序对案件立案侦查，依法查明犯罪嫌疑人的犯罪事实。案件侦查终结后，根据查明的事实和证据，依法作出处理，对其中犯罪事实已经查清，证据确实、充分，依法应当追究刑事责任的，由人民检察院反贪污贿赂、反渎职侵权部门移送公诉部门审查后向人民法院提起公诉。2013年初至2018年初这五年，检察机关立案侦查职务犯罪254419人，较前五年上升16.4%，为国家挽回经济损失553亿余元。其中，涉嫌职务犯罪的县处级国家工作人员15234人、厅局级2405人。同时，在中央纪委统一领导下，2014年10月起持续开展专项行动，最高检与相关部门密切协作，加强与有关国家、地区司法合作，已从42个国家和地区劝返、遣返、引渡外逃职务犯罪嫌疑人222人，包括杨秀珠、李华波、王国强、黄玉荣等"百名红通人员"35名。

人民法院作为国家审判机关，依法独立行使审判权。在中国，未经人民法院依法判决，对任何人都不得确定有罪。对于检察机关依法提起公诉的贪污贿赂渎职等腐败犯罪案件，人民法院依法进行审理，按照罪刑法定、法律面前人人平等、罪责刑相适应的原则定罪量刑。除涉及国家秘密、商业秘密、个人隐私和未成年人犯罪外，人民法院审判案件一律公开进行，并保障诉讼参与人依法享有诉讼权利，保证被告人充分行使辩护权。在审判腐败犯罪案件的过程中，人民法院坚持对任何人犯罪在适用法律上一律平等的原则，不论腐败分子现任或曾任职务多高，只要构成犯罪就依法定罪处罚，既不允许其有超越法律的特权，也不因为其特殊身份和社会压力就加重处罚。同时，为准确适用法律、统一司法尺度，最高人民法院和最高人民检察院在总结贪污贿赂渎职等腐败犯罪案件审判和公诉经验的基础上，依法适时制定相关的司法解释，及时解决审判和公诉工作中出现的新问题，对指导各级人民法院和人民检察院正确审理、公诉案件起到了重要作用。

在坚决查处和严惩领导干部违纪违法行为时，中国共产党和中国政府又精准发力对症下药，切实解决发生在群众身边的不正之风和腐败问题。近年来，重点查处和纠正超标准超范围向群众筹资筹劳、摊派费用，违规收缴群众款物或处罚群众，克扣群众财物、拖欠群众钱

2016 年，广东省检察机关成功规劝"百名红通人员"常征回国投案。

款等突出问题；集体"三资"管理、土地征收和惠农等领域强占掠夺、贪污挪用问题；在办理涉及群众事务时吃拿卡要，甚至欺压群众的违纪行为。扶贫开发事关全面建成小康社会、事关人民福祉。中国共产党和中国政府对扶贫工作高度重视，在扶贫开发上投入了大量的精力、资金、资源。扶贫政策能否落实到位，扶贫资金能否惠贫到位，事关脱贫攻坚战的成败。2016 年，中央纪委在对基层"雁过拔毛"式腐败专题调研的基础上，以"加强对重点县（市）督办"和"扶贫领域重点问题线索督办"为重要抓手，通过开展多轮次、滚动式直接督办，让县乡党委、纪委真正扛起"两个责任"；截至当年 7 月底，已对问题线索比较集中的一些县进行两轮重点督办，其中一半是国家扶贫开发工作重点县，相关地方办结 54 件，235 名责任人受到严肃处理。参照中央纪委做法，辽宁、河北、山东、山西、河南、甘肃、宁夏、四川、安徽等 9 个省区，选择反映问题较多的 119 个县作为重点督办县，并要求重点落实县委主体责任，针对发现的问题开展专项整治；通过对扶贫领域虚报冒领、截留私分、挥霍浪费问题，以及在执行扶贫政策上搞形式主义、官僚主义等不正之风的打击，有效遏制贪腐之手伸向扶贫资金。

据统计，仅 2015 年，中国共查处群众身边的不正之风和腐败问题 80516 起，处理 91550 人。这份"拍蝇"成绩单的背后，凝聚着中国共产党和中国政府治理基层不正之风和腐败问题的决心和努力，也使中国广大人民群众对反腐斗争胜利充满信心。

廉政教育与廉政文化

在反腐败与廉政建设中，中国不仅重视预防和惩处腐败，而且高度重视廉洁教育，并把它看作一项基础性工作。这是中国反腐败斗争的一大特色。多年来，中国坚持不懈地在国家工作人员中开展廉洁从政教育，在全社会加强廉政文化建设，促使国家工作人员增强廉洁自律意识，努力推动全社会形成崇尚廉洁的良好风尚。

中国重视对党员和国家工作人员进行国家法律法规和党纪政纪教育。中共中央政治局经常组织有关法制的集体学习，对推动全社会特别是党员和国家工作人员增强法律意识起到良好的带动作用。目前，中国共产党的各级组织和国家机关集体学习已形成制度。中国政府积极开展全民普法教育，从 1986 年起，在全体公民特别是国家工作人员中连续实施了六个五年普及法律知识教育（目前正在实施第七个），增强了公众的法治观念和对国家机关、国家工作人员廉洁从政的监督意识。

中国强化对国家工作人员的廉政教育培训，筑牢拒腐防变的思想道德防线。中国制定《干部教育培训工作条例（试行）》和全国干部教育培训规划，把廉洁从政教育作为干部教育培训的重要内容。中国共产党的各级党校、政府的各级行政学院和其他干部培训机构，把廉

中共中央纪律检查委员会　 中华人民共和国国家监察委员会

领导活动　信息公开　审查调查　巡视巡察　监督举报　党纪法规　视频访谈　历史文化

中央纪委国家监委网站 中国纪检监察报

法法衔接
20讲　　　敬请关注

【法法衔接20讲】之十二：监察法在涉案财物处置方面与刑法、刑事诉讼法
形成紧密对接

（现场实录）习近平：在庆祝改革开放40
周年大会上的讲话

改革先锋、中国改革友谊奖章获得者名单

从《改革开放四十年大事记》看党要管党、
从严治党铿锵步伐

更多

要闻

国家监委召开第一届特约监察员聘请会议

在新时代创造新的更大奇迹——庆祝改革开放4...
纪检监察干部的优秀代表王瑛获得改革先锋称号
加强党对反腐败工作的集中统一领导
【记者观察】以开放的姿态主动接受外部监督
向着更加壮阔的航程——致敬改革开放40周年

【纪检人·镜头】回眸老物件 感受新变化
《形式主义官僚主义典型案例剖析》出版发行

习近平总书记全面从严治党
重要论述数据库

中国纪检监察报　评论员文章

打造忠诚干净担当的派驻机构干部队伍

中央纪委国家监委机关直属单位
2019年公开招聘

优秀纪检监察
干部测语

40年40组关键词

从"和平和发展是当代世界的两大问
题"到"人类命运共同体"

新时代 新本领　　大学

从海南看未来　　中国海洋大学副校
长：经略海洋 海...

2018 年 12 月 18 日中共中央纪律检查委员会、中华人民共和国国家监察
委员会网站截图

洁从政教育纳入教学计划，作为各级领导干部的必修课程；建立 50
个全国廉政教育基地，编写廉洁从政教育读本，有针对性地开展岗位
廉政教育和培训；对于新任领导干部和新录用的国家工作人员，进行
任职和上岗前的廉政培训，建立廉政培训档案。一些省（自治区、直
辖市）在领导干部选拔前进行廉政法律法规考试，并将考试合格作为
重要的任职条件；在领导干部任职前进行廉政谈话，做到防范在先。

中国注重开展示范教育和警示教育。2014 年 4 月 2 日至 2017 年
11 月 2 日，中央纪委监察部网站刊登了 500 多个勤廉楷模的故事。中
共山东省曲阜市纪委立足传承弘扬儒家优秀廉洁勤劳文化，推出"纪
检人·廉勤课"现场教学点，打造党员干部廉政教育现场教学模式；

中共河北省纪委制定了《关于利用反面教材发挥警示震慑作用的工作方案》，省纪委监察厅网站开设通报曝光栏目，定期发布典型案件，并在省级媒体予以刊播。此外，中国有些地方让干部走进监狱，接受昔日同事的现身说法，有的组织集体旁听一起贪污腐败案件的庭审，有的从忏悔录、典型案例、案件通报等"活教材"入手，开展警示教育，用身边事警示教育身边人。各地通过编写典型案例教材、拍摄警示教育片、建设警示教育基地、举办警示教育展览以及涉案人员现身说法等灵活多样的形式，教育广大党员干部和国家工作人员引以为戒，发挥典型案件的教育作用，达到惩处一个、教育一片的目的。

廉政文化是社会主义先进文化的重要内容，也是拒腐防变的基础工程。中国重视开展廉政文化建设，弘扬以廉为荣、以贪为耻的社会风尚。2012年中共十八大之后，中国各地廉政文化建设蓬勃开展。北京市充分利用街头巷尾的墙壁、户外LED屏以及公共图书馆、公园、地铁等，以"接地气"的形式传播廉洁理念，增强廉政文化渗透力；安徽省以严肃党内政治生活、建设良好政治文化为主题，以净化政治生态为根本目标，开展专题警示教育活动，以身边事教育身边人；安徽省桐城市在市区多路段开辟"廉政文化长廊"，通过文学、书法、图片等，向社会公众展示廉政警句、廉政准则、廉政故事等，在全社会倡导廉洁新风；湖南省常德市创造性地实施了廉洁文化建设"六个一"工程，即创作一首歌曲、编写一本读本、建设一个主题公园等，并开展"一把手"讲廉政党课评比活动。除了上述方法举措外，传统的廉政宣传教育方式也没有被抛弃，各地廉政教育基地的人流并没有减少，廉政文化示范联系点数量在增多。这些内容丰富、形式多样、人们喜闻乐见的廉政文化活动，让广大群众在日常生活中就能感受到强烈的廉政文化氛围，歌颂了中华民族崇尚廉洁的优良传统，推进了廉政文化建设深入人心。

中国廉政教育特别强调从娃娃抓起。许多小学、中学和大学专门

北京市西城区北京展览馆南广场的"红莲广场"是北京首个市民廉洁文化广场，布置了电子大屏、主题雕塑、特色墙壁等，对中华民族清正廉洁传统等进行展示。

开设廉洁教育课程，编写相关教材，有的还配备专门师资力量。同时，中国充分利用中小学生的夏令营、冬令营，以及大学生社会实践和校园文化建设等课外活动开展廉洁教育，培养青少年廉洁、诚信、守法的良好道德意识和法治观念。近年来，中国高校和科研机构把从严治党、廉政建设、反腐败作为教学、研究的重要内容，廉政研究取得丰富成果，相关课题成为高校学位论文的研究热点。此外，中国对大学生群体的廉洁教育也越来越深入。很多高校开展"廉洁教育活动月"活动，举办廉洁讲座、廉洁知识竞赛、廉洁原创作品比赛、廉洁青春诗会、廉洁教育短剧等活动。有的学校开设经常性廉政学课程，组织师生开展廉政研究，甚至培养廉政研究方向的硕士和博士，为社会输送廉政研究专业人才。在2017年"12·9"国际反腐败日前后一个月的时间里，中国有50所高校开展了廉洁教育活动。

反腐败国际交流与合作

随着世界经济一体化步伐加快，各国腐败行为呈现出有组织、跨国境的趋势。加强反腐败国际交流与合作，成为世界各国、各地区的共识。中国重视反腐败领域的国际交流与合作，主张在尊重主权、平等互利、尊重差异、注重实效的原则下，与世界各国、各地区和有关国际组织加强相互合作和协调，互相借鉴，共同打击各种腐败行为。

中国加强同世界各国、各地区及有关国际组织的反腐败交流与合作，已经成为国际反腐败的重要力量。目前，中国已与近 70 个国家和地区签订了 100 多项各类司法协助条约；与美国建立了中美执法合作联合联络小组，并设立反腐败专家组；与加拿大建立了司法和执法合作磋商机制。中共中央纪律检查委员会同 80 多个国家和地区的反腐败机构开展了友好交往，与俄罗斯等 8 个国家的相关机构签署了合作协议；与联合国、欧盟、世界银行、亚洲开发银行、经合组织等国际组织开展了多领域的交流与合作，积极参与二十国集团、亚太经合组织等框架内的反腐败合作机制。最高人民检察院先后与 80 多个国家和地区的相关机构签署了检察合作协议。公安部与 44 个国家和地区的相关机构建立了 24 小时联络热线，同 59 个国家和地区的内政警察部门签署了 213 份合作文件。中国政府与世界银行、亚洲开发银行以及联合国发展计划署等部门积极开展合作，拓宽反腐败格局，开展多种形式的交流和合作。

为推动反腐败国际交流与合作，中国于 2005 年批准加入了《联合国反腐败公约》。为履行公约规定的各项义务，中国成立了由 24 个机关和部门组成的部际协调小组，具体承担国内履约的组织协调工作，做好有关国内法与公约的衔接工作。2006 年中国颁布《中华人民共和国反洗钱法》，以预防、遏制洗钱犯罪及相关犯罪。中国先后批准加入 4 个与反洗钱相关的国际公约，并成为金融行动特别工作组、

在中央反腐败协调小组国际追逃追赃办公室统筹协调下，经广东检方办案人员成功劝返，"红通人员"王海鹏2016年3月从美国纽约回国投案。

欧亚反洗钱和反恐融资组织、亚太反洗钱组织的成员。2018年中国成立国家监察委员会，专门统筹协调与其他国家、地区、国际组织开展的反腐败国际交流、合作，组织反腐败国际条约实施工作，以及组织协调有关方面加强与有关国家、地区、国际组织在反腐败执法、引渡、司法协助、被判刑人的移管、资产追回和信息交流等领域的合作。

中国还积极加入相关反腐败国际组织，参加和举办反腐败国际会议。1996年中国和巴基斯坦等国发起成立亚洲监察专员协会。2003年中国批准加入《联合国打击跨国有组织犯罪公约》，这是第一个针对跨国有组织犯罪的全球性公约；2005年加入亚太经合组织反腐败与提高透明度工作组、亚洲开发银行/经合组织亚太地区反腐败行动计划。2006年中国最高人民检察院发起成立国际反贪局联合会，这是世界上首个以各国、各地区反贪机构为成员的国际组织。近年来，中国还成功举办第七届国际反贪污大会、亚洲监察专员协会第七次会议、

2016 年 5 月 5 日，中国 – 中东欧国家最高法院院长会议在苏州闭幕，并举行新闻发布会。截至当日，中国已与 67 个国家缔结刑事、民事司法协助条约、引渡条约和打击"三股势力"协定共 121 项。

第五次亚太地区反腐败会议、国际反贪局联合会首届年会、亚太经合组织反腐败研讨会等国际会议，多次参加全球反腐倡廉论坛、政府改革全球论坛、国际反贪污大会等国际性反腐败会议。

    引渡和遣返外逃腐败犯罪嫌疑人是反腐败国际合作的重要内容。1984 年，中国加入国际刑警组织，加强了抓捕外逃腐败犯罪嫌疑人方面的国际合作。2000 年中国颁布了《中华人民共和国引渡法》，为中国与外国加强引渡合作提供了法律基础。目前，中国已与近 40 个国家缔结了双边引渡条约，加入含有司法协助、引渡等内容的近 30 项多边公约。中国还依据联合国反腐败公约、联合国打击跨国有组织犯罪公约等国际公约，与世界 100 多个国家开展包括引渡在内的国际司法合作。

    近些年来，中国在双边、多边交流合作中积极发声，发挥引领作用，推动建立国际反腐败新秩序。无论是推动制定亚太经合组织《北京反腐败宣言》和《二十国集团反腐败追逃追赃高级原则》，还是在华设立二十国集团反腐败追逃追赃研究中心、共同举办中国－东盟反腐败研讨班等，都是中国共产党和中国政府打造人类命运共同体的国际实践创新，成为全球治理中国方案的重要组成部分。

数十年来，中国共产党和中国政府为反对腐败和推动廉政建设，作出了不懈努力，取得了明显成效。尤其是中共十八大以来，中国共产党和中国政府掀起了史无前例的反腐风暴，并在各种外事场合主动设置反腐败国际合作议题，共同商讨追逃追赃，表明中国的立场和主张，占领道义制高点，把握主动权和话语权，赢得了国际社会广泛的尊重与支持，取得了累累硕果。据统计，2014 年至 2017 年，中国共从 90 多个国家和地区追回外逃人员 3453 名、追赃 95.1 亿元，"百名红通人员"中已有 49 人落网，追逃追赃工作取得重大阶段性成果。经过长期的探索，中国在反腐败和廉政建设上认识不断深化，积累了丰富的实践经验，确保了经济较快发展和社会稳定。中国国家统计局

2018 年 9 月 5 日晚，山西省运城市稷山县首次上演稷山县蒲剧团新编大型历史廉政剧《铁面御史姚天福》。该剧根据姚天福至元十二年（1275 年）任监察御史期间查处朝廷宠臣小甘浦的真实事件而创作。

的民意调查结果显示，民众对防治腐败成效满意度逐年走高，2013 年是 81%，2014 年是 88.4%，2015 年是 91.5%，2016 年是 92.9%。国际社会也给予积极评价。

可以肯定的是，随着中国市场经济体制的不断完善，以及民主政治的不断发展与法律制度体系的逐步完备，中国共产党和中国政府完全能够依靠自身力量和广大人民群众的支持，把腐败现象减少到最低程度，打造公正、公开、透明、廉洁的政治环境。

反对腐败、建设廉洁政治是全人类的共同愿望，也是世界各国政府和政党面临的共同课题。加强反腐败国际交流与合作是中国政府的既定政策。中国将在国际和地区性反腐败交流与合作中发挥积极作用，与世界各国一道，为建设一个公正廉洁、和谐美好的人类命运共同体而努力奋斗。

国家监察体制改革

中国共产党和中国政府历来重视加强对公职人员和公权力的监督，构建起政府内部的行政监察和审计、人大监督、司法监督、舆论监督等监督形式，而且检察院还有专门设立的反贪污、反渎职、预防职务犯罪等力量。但是，这些反腐败资源力量过于分散，很难发挥最大作用。另外，中国共产党党内监督对象尽管覆盖了所有党组织和党员，但依然有相当数量覆盖不到或者不适用于执行党的纪律的行使公权力的公职人员得不到有效监督。

因此，要切实做到"把权力都关进制度笼子"，就必须补齐国家监察体系的漏洞，解决反腐败力量分散的问题。于是，国家监察体制改革就提上了日程。2016 年 1 月，中共中央总书记习近平在中共十八届中央纪委六次全会上提出："要扩大监察范围，整合监察力量，健全国家监察组织架构，形成全面覆盖国家机关及其公务员的国家监察体系。"十八届中央纪委六次全会明确提出"建立覆盖国家机关和公务人员的国家监察体系"。同年12月，中共中央政治局召开会议，研究部署深化国家监察体制改革，确定改革的时间表、路线图。此后，改革试点工作在北京市、山西省、浙江省有序展开。

2017年1月至5月，试点地区的北京市及其所辖16个区、浙江省及其所辖11个地级市90个县市区和山西省及其所辖11个地级市119个县市区，全部成立了监察委员会。通过统筹安排、整体谋划，做到机构不增加、人员不扩编、级别不提升，机构编制和人员配置向主责主业集中，重点加强案件监督管理部门、执纪审查部门和案件审理部门人员力量，形成执纪执法既分离又衔接、监督监察既独立又统一的全新格局，为监察体制改革在全国推开提供可复制的基本经验，体现出应有的实践价值。

在试点取得成功经验的基础上，2017年10月中共中央办公厅印

2018年3月，根据第十三届全国人民代表大会第一次会议通过的《中华人民共和国宪法修正案》修正的《中华人民共和国宪法》单行本及宣誓本摆上了书店展台。

发了《关于在全国各地推开国家监察体制改革试点方案》的通知，部署在中国全国范围内推行国家监察体制改革，完成省、市、县三级监察委员会组建工作。2018 年 3 月，中国十三届全国人大一次会议通过宪法修正案，依据宪法制定《中华人民共和国监察法》，设立国家监察委员会，实现国家机构、党和国家监督体系重大创制，形成中国特色国家监察体制；同时，选举产生首届国家监察委员会。国家监察委员会组建和运行，开启了从试点探索迈入依法履职、持续深化国家监察体制改革的新阶段。

新颁布的《中华人民共和国监察法》，对监察机关及其职责、监察范围和管辖、监察权限、监察程序等作了明确规定，为国家监察委开展工作提供法律依据。根据监察法的规定，各级监察委员会是行使国家监察职能的专责机关，也是实现中国共产党和国家自我监督的政治机关，不是行政机关、司法机关。其依法行使的监察权，不是行政监察、反贪反渎职、预防腐败职能的简单叠加，而是在注重监督的基础上，既调查职务违法行为，又调查职务犯罪行为，其职能权限与司法机关、执法部门明显不同。监察委员会在履行职责过程中，既要加强日常监督，查清职务违法犯罪事实，进行相应处置，又要开展严肃的思想政治工作，进行理想信念宗旨教育，做到惩前毖后、治病救人，努力取得良好的政治效果、法纪效果和社会效果。

关于监察委员会的职责，国家监察法规定主要有三项：一是监督，即对所有公职人员开展廉政教育，对其依法履职、秉公用权、廉洁从政从业以及道德操守情况进行监督检查；二是调查，即对涉嫌贪污贿赂、滥用职权、玩忽职守、权力寻租、利益输送、徇私舞弊以及浪费国家资财等职务违法和职务犯罪进行调查；三是处置，即对违法的公职人员依法作出政务处分决定，对履行职责不力、失职失责的领导人员进行问责，对涉嫌职务犯罪的，将调查结果移送人民检察院依法审查、提起公诉，向监察对象所在单位提出监察建议。监察委员会的调查措施，包括谈话、讯问、询问、查询、冻结、搜查、调取、查封、扣押、留置等 12 项。

关于监察范围，国家监察法明文规定，监察机关对下列公职人员和有关人员进行监察：一是中国共产党机关、人民代表大会及其常务委员会机关、人民政府、监察委员会、人民法院、人民检察院、中国人民政治协商会议各级委员会机关、民主党派机关和工商业联合会机关的公务员，以及参照《中华人民共和国公务员法》管理的人员；二是法律、法规授权或者受国家机关依法委托管理公共事务的组织中从事公务的人员；三是国有企业管理人员；四是公办的教育、科研、文化、医疗卫生、体育等单位中从事管理的人员；五是基层群众性自治组织中从事管理的人员；六是其他依法履行公职的人员。监察法与行政监察法相比，将依法监督"狭义政府"转变为依法监督"广义政府"行使公权力的公职人员，填补了监督对象上的空白，实现对所有行使

2017 年 12 月 29 日，四川省泸州市召开第八届人民代表大会第二次会议，来自全市的 407 名人大代表依法投票选举该市市委常委、市纪委书记杨晓为首届监察委员会主任。

公权力的公职人员监察全覆盖。同时，监察法专设监察程序一章，从审批权限、操作规范、调查时限等方面，对监督、调查、处置工作程序作出规定，特别是对留置措施规定了严格的程序和界限条件，切实保护被调查人的合法权益。

同时，国家监察法还明文规定，监察委员会既接受中国共产党的领导也接受人民代表大会的监督。一方面，中国共产党的纪律检查委员会与监察委员会进行合署办公，重要事项由同级中国共产党的委员会批准；国家监委领导地方各级监委工作，上级监委领导下级监委工作，地方各级监委要对上一级监委负责。另一方面，监察委员会由同级人民代表大会选举产生，对人民代表大会及其常委会负责，并接受其监督。各级人民代表大会可以通过听取和审议专项工作报告，组织执法检查，以及提出询问和质询的方式，对同级监察委员会进行监督。这不仅强化了人民代表大会作为国家权力机关的监督职能，而且拓宽了人民监督权力的途径，使中国的国家监督体系更加完备、科学、有效。

2018年3月18日，中国第十三届全国人民代表大会第一次会议选举出了中华人民共和国国家监察委员会主任；3月21日，十三届全国人大常委会第一次会议经表决，任命国家监察委员会副主任和委员。3月23日上午，中华人民共和国国家监察委员会正式揭牌。同时，新任的国家监察委员会副主任、委员举行了宪法宣誓仪式。至此，中国国家、省、市、县四级监察委员会全部组建产生，这在中国国家机构建设史和中国共产党纪检监察史上具有里程碑意义，监察体制改革也由此迈入全面深化新阶段。

中国共产党作为执政党，面临的最大威胁就是腐败。推动国家监察体制改革，颁布出台国家监察法，成立国家监察委员会，目的就在于整合中国现有的反腐败工作力量，构建集中统一、权威高效的国家监察体系，实现对行使权力的全过程进行全方位监督，提升中国共产党和中国政府反腐败工作效率，最终夺取反腐败斗争的压倒性胜利。